Exlibris

FSC
www.fsc.org
MIX
Papier | Fördert gute Waldnutzung
FSC® C002795

Mineralöl freie Druckfarbe

5 4 3 2 1 27 26 25 24 23
ISBN 978-3-649-64611-2

Konzept: Coppenrath Verlag

Illustrationen, Gesamtgestaltung und Satz:
Christina Kölsch, christinakoelsch.de

Textsammlung: Marén Wiedekind

Redaktion: Inga Biller

Printed in Latvia

www.coppenrath.de

Nimm dir Zeit zum Träumen

Illustriert
und gestaltet von
Christina Kölsch

COPPENRATH

Inhalts-verzeichnis

VON

Nacht-

EULEN

Fragen

Und sag, gehst auch du manchmal heimlich vor die
Tür des Nachts?
Schleichst dich hinaus, in die Stille, ins Mondlicht?
Die Wolken so nah und so getrieben, dass du selbst
einen Moment ruhig atmen kannst.
Keine Träne, die aufsteigt.
Regentropfen.
Das Geräusch von Wasser im frischen Laub,
der Geruch von nassem Asphalt.
Atmest du das Früher, Stadtkind?
Kennst du das Gefühl, wenn du deinem eigenen
Lächeln begegnest wie einem lang vermissten
Freund, der plötzlich in der Tür steht?
Den du kaum noch kennst?
Diese sprachlose Freude.
Kennst du das Gefühl, das feine Reißen des
Vermissens?
Und hast du es je gespürt, das Vertrauen im
Gesang einer Nachtigall?
Vertrauen und Regen.
Allein, vor der Tür, des Nachts.

Kim Lichterfeld

Jaffa Road

23.

DIE JAFFA ROAD OHNE MUSIK. Bis um Mitternacht lief immer irgendein Radio, aber jetzt war es so still, dass die Häuser wieder unbewohnt wirkten. Als wären all die Menschen im Traum dorthin zurückgereist, woher sie gekommen waren. Aus einem Fenster war leises Schnarchen zu hören, irgendjemand hustete. Yasmina ging nicht weit, nur bis zur Bäckerei. Ein schwaches, warmes Licht schimmerte durchs Schaufenster. Die Geräusche aus der Backstube gaben ihr das beruhigende Gefühl, nicht allein zu sein. Zugleich hoffte sie, niemand würde sie sehen. Eine Zeit lang stand sie unschlüssig dort, bis sie auf einmal eine männliche Silhouette bemerkte, die langsam die Straße entlangschlich. Sie erschrak, denn sie glaubte, ihren Vater zu sehen. Es war der gleiche langsame, leicht gebeugte Gang, die gleichen schlanken Arme und Beine, der gleiche altmodische Anzug. Ein Mensch aus einer anderen, bedächtigeren Zeit, der sich in die Gegenwart verirrt hatte. Erst als er näher kam, erkannte sie den Unterschied: Der Mann war Europäer, aber älter, sechzig oder siebzig Jahre vielleicht, und er trug einen weißen Kinnbart. Seine kleinen Augen blitzten wach aus einem müden Gesicht.

»Gut margn«, sagte er auf Jiddisch.

»Shalom«, antwortete sie und trat höflich von der Tür zurück, weil sie dachte, er wollte in die Bäckerei gehen. Doch er blieb stehen und musterte sie. Es lag kein Urteil in seinem Blick, kein Misstrauen, nur Neugierde. Yasmina sah, dass er unter seinem Anzug kein Hemd trug, sondern einen altmodischen Pyjama. Er wirkte zerstreut, als hätte er etwas verloren. Seine Geldbörse. Oder den Weg nach Hause.

»Kann ich Ihnen helfen?«, sagte Yasmina auf Hebräisch, um das unangenehme Schweigen zu durchbrechen.

»Nein, nein, *adank*. Aber wenn ich fragen darf ... Was macht eine junge Dame wie Sie nachts auf der Straße?«

Seine Stimme klang melodisch und warmherzig. Der starke Akzent deutete darauf hin, dass er noch nicht lange hier lebte.

»Ich ... warte auf den ersten Bus«, log Yasmina. »Und Sie?«

»Ich kann auch nicht schlafen«, sagte er. »Ich bin aus einem Traum aufgewacht, in den ich nicht zurückmöchte.«

Wie seltsam, dachte Yasmina. Ein Fremder, der genauso verrückt ist wie ich. Und auch noch darüber spricht.

»Ich träume nie«, log sie.

»Jeder träumt«, murmelte der Mann. »Allerdings erinnern sich die meisten nicht daran.«

»Was haben Sie denn geträumt?«, fragte Yasmina etwas unbeholfen, und im selben Moment dachte sie: *Ich bin verrückt, einen Fremden auf der Straße nach seinen Träumen zu fragen.* Doch ihm schien die Frage nicht ungewöhnlich vorzukommen. Er dachte nach, nahm seine Brille ab und putzte sie mit einem Taschentuch, das er aus seinem Jackett zog. Dann sagte er:

»Ich wäre Ihnen dankbar, wenn Sie nicht danach fragten.«

»Verzeihen Sie, ich wollte nicht unhöflich sein.«

»Nein, nein, das war nicht unhöflich.«

»Warum schlafen wir überhaupt?«, sagte sie, um das Thema zu

wechseln. »Mir wäre es lieber, ich könnte vierundzwanzig Stunden wach sein. Es gibt so viel zu tun.«

»Der menschliche Körper braucht gar nicht so viel Schlaf«, sagte er. »Aber die Seele. Manche sagen, diese Welt sei nur ein Traum, eine Erscheinung, eine Illusion. Und das wirkliche Leben fände im Traum statt.«

Yasmina sah ihn verwundert an.

»Ich habe beruflich mit Träumen zu tun«, erklärte er. »Eine nutzlose Tätigkeit, werden Sie wohl denken, in diesen Zeiten.«

»Nein, ganz und gar nicht. Sind Sie Psychiater?«

»Nicht mehr. Ich habe meine Patienten nach Hause geschickt.«

Als hätte er ihre Gedanken erraten, sagte er:

»Oh. Verzeihen Sie, dass ich mich nicht vorgestellt habe. Rosenstiel mein Name, Franz Rosenstiel.«

»Sarfati, Yasmina«, sagte sie.

»Sarfati ... wo kommen Sie her?«

»Ich bin Italienerin.«

»Sind Sie verheiratet?«, fragte er.

»Ja.«

»Das ist gut.«

Er dachte kurz nach, dann kramte er in seinem Jackett herum. Er zog eine kleine Taschenuhr heraus, klappte sie auf und zeigte Yasmina das Foto in der Innenseite des Deckels.

»Meine Frau. Gretchen. Ich weiß nicht, ob sie noch lebt oder ermordet wurde. Aber im Traum kommt sie mich besuchen. Heute hat sie mir zugewinkt, wie zum Abschied. Ich bin erschrocken und aufgewacht ... Ich wollte das nicht sehen ... verzeihen Sie bitte.«

Er wandte sein Gesicht ab.

»Es wird leichter«, sagte sie, »wenn Sie sich verabschieden können.«

Er nickte, dankbar für ihr Mitgefühl, und atmete tief durch, bis er sich wieder fing.

»Sehen Sie, das ist damit gemeint, wenn es heißt, das wirkliche Leben fände im Traum statt. Wir sind stark, gewinnen Kriege,

Manche sagen,
diese Welt sei nur ein Traum,
eine Erscheinung, eine Illusion.
Und das wirkliche Leben
fände im Traum statt.

bauen Häuser ... Wir laufen den ganzen Tag lang vor der Nacht weg. Aber sie holt uns immer wieder ein.«

Yasmina fröstelte. Sie konnte jedes Wort nachvollziehen. Sie wünschte, sie müsste nie mehr nach Hause, in ihr Bett, wo die Träume lauerten. *Niemand muss allein bleiben*, wollte sie ihm am liebsten sagen. *Wer weiß, wen das Leben noch für Sie bereithält. Wir fangen hier alle neu an.* Aber sie traute sich nicht, es auszusprechen. Nicht, solange er die Taschenuhr mit dem Foto in der Hand hielt. Als hätte er ihre Gedanken erraten, sagte er:

»Sollte sich mein Traum bewahrheiten ... dann bleib ich lieber allein. Gretchen ist mein beschert.«

»Was ist das?«

»Sie sprechen kein Jiddisch, nicht wahr?«

»Nein.«

»Das bedeutet ›von Gott bestimmt‹. Manche sagen, es kommt vom deutschen Wort ›Bescherung‹. Ein Geschenk des Himmels. Darin steckt auch das jiddische Wort ›*Scher*‹. Man sagt, dass es zwei Menschen gibt, die füreinander zugeschnitten sind. Als hätte der Herrgott die Seele vor ihrer Geburt in eine männliche und eine weibliche Hälfte getrennt. Wenn sie sich dann im Leben wiederfinden, ist das ein Gefühl, das nur einmal existiert. Als kehrten sie zu ihrem Ursprung zurück.«

»Ich hab auch von jemandem geträumt«, brach es aus ihr heraus.

»Von wem?«

»Von einem Mann.«

»Lieben Sie ihn?«

»Ich hasse ihn.«

»Oh, das ist oft ein und dasselbe«, sagte Rosenstiel und schmunzelte.

»Der Traum macht mir keine Angst«, sagte Yasmina. »Aber ich habe Angst, dass ich im Schlaf spreche. Dass mein Mann meine Gedanken hört.«

»Oh. Ich verstehe.«

Yasmina fühlte sich plötzlich nackt. Instinktiv zog sie ihre Arme vor die Brust. Mehr durfte sie nicht sagen.

»Wenn Sie vor ihm weglaufen«, sagte Rosenstiel ruhig, »wird er wiederkommen. Vielleicht will er Ihnen im Traum etwas sagen, das er sonst nicht sagen konnte.«

»Sie haben gut reden. Sie laufen doch auch weg von zu Hause.«

»Darum habe ich aufgehört zu arbeiten. Wie soll ich meinen Patienten helfen, wenn ich mir selbst nicht helfen kann?« Rosenstiel lächelte sie an. Sie schwiegen eine Weile, dankbar für die unverhoffte Gesellschaft.

»Ich werde niemandem erzählen, was Sie nachts auf der Straße treiben.«

»Das beruht auf Gegenseitigkeit«, sagte er und zwinkerte ihr zu. Sie verabschiedeten sich mit dem Gefühl, einen mondsüchtigen Komplizen gefunden zu haben. Als wäre ihre Flucht vor dem Schlaf eine Krankheit, mit der sie die normalen Menschen nicht anstecken durften. Die anderen, dachte Yasmina, als sie leise ihre Haustür öffnete, sind *fortunati*, schlafen zu können.

So ging das wochenlang weiter. Wenn Maurice eingeschlafen war, streunte Yasmina im Mondlicht über die Jaffa Road. Manchmal kam Rosenstiel, manchmal wartete sie vergeblich auf ihn. Aber nie war sie allein. Der Lichtschein aus der Bäckerei zog die schlaflosen Nachtschwärmer des Viertels an wie die Motten. Sie standen dort im Niemandsland zwischen Traum und Wirklichkeit und hielten sich gegenseitig wach, mit Witzen und Anekdoten, aber nie mit den Albträumen, vor denen sie wegliefen. Wenn Rosenstiel auftauchte, setzte Yasmina sich mit ihm auf eine Bank und hörte seinen Geschichten über Greta zu. Manchmal erzählte sie ihm von Piccola Sicilia, den Nachmittagen mit Victor am Strand und der Güte ihres Vaters, den sie vermisste. Manchmal fragte er sie etwas, worauf sie keine Antwort fand, und manchmal gab er ihr einen Rat, den sie nicht befolgte, wie zum Beispiel, dass sie doch wieder mit ihren Eltern sprechen sollte. Spätestens

Nur nachts,
wusste Yasmina,
sieht man die Welt,
wie sie wirklich ist.
Aber sie durfte es
niemandem verraten,
sonst würden die
Menschen verrückt.

wenn der Ruf des Muezzins aus Wadi Nisnas herüberwehte, um das erste Licht der Morgendämmerung zu verkünden, verstreuten sich die Schlaflosen in alle Richtungen, als hätten sie Angst davor, bei Tageslicht als Fremde voreinander zu stehen.

Bevor die Sonne aufging, schlüpfte Yasmina unter ihre Decke neben Maurice, zurück in den Schein der Normalität. Ob er ihre nächtlichen Ausflüge bemerkte, wusste sie nicht. Wenn sie dann tagsüber die Jaffa Road entlangging, vorbei am Bäcker und der leeren Bank, auf der sie nachts mit Doktor Rosenstiel gesessen hatte, erfasste sie eine wilde Lust, zu schreien. Um die Menschen aufzuwecken, die nicht wussten, dass sie mit offenen Augen schliefen. Nur nachts, wusste Yasmina, sieht man die Welt, wie sie wirklich ist. Aber sie durfte es niemandem verraten, sonst würden die Menschen verrückt.

Daniel Speck

Offene See

DIE NACHT LEGTE SICH über die Wiese wie ein Schleppnetz, das langsam in tieferes Wasser sinkt, und die untergehende Sonne tauchte alles in Dunkelheit.

Der Abend war in die Nacht übergegangen, während wir die Flasche Wein geleert hatten, und es war zu spät geworden, um in die Bucht runterzugehen, denn dort hätte ich nur in Türeingängen und Gässchen oder am Strand übernachten können, wo die auflaufende Flut einen schlafenden Mann davontragen konnte.

Also schlug ich meine Plane in Dreiecksform auf und kroch mit meinem Schlafsack und einer kleinen Thermosflasche mit Tee und einem Schuss Whisky, die Dulcie mir aufgedrängt hatte, hinein. Sie hatte außerdem angeboten, mir Butler als Nachtwächter dazulassen, aber das hatte ich abgelehnt. Ich hatte keine Angst vor der Dunkelheit. Im Gegenteil, ich genoss sie.

Es war eine klare, frische Nacht, und die Luft war deutlich kühler geworden. Während ich dalag und zusah, wie der Himmel das gesamte Spektrum von Blautönen entfaltete, war mir schwindelig vom Wein, und mein voller Bauch rumorte von dem schweren butterreichen Essen, nachdem ich mich wochenlang nur von dem wenigen ernährt hatte, das ich ergattern konnte.

Ein längliches Prisma aus Licht fiel von einem oberen Fenster in Dulcies Cottage in den Garten und über den Zaun hinaus bis zur Wiese, doch es erlosch schon bald, und alles war stockfinster. Aber Dunkelheit ist niemals etwas Geschlossenes, und mit der Zeit traten die Umrisse der schwankenden Äste ferner Bäume hervor, und die Nacht wurde zu etwas mit verschiedenen Ebenen, einem Gefüge aus sich wandelnden Schattierungen, in dem Perspektive verzerrt wird und plötzlich das eigene Urteilsvermögen infrage gestellt ist. Vordergrund und Hintergrund schienen die Plätze zu tauschen, und auf dieser dunklen samtigen Bühne, die von Wesen aus Blut und Knochen beherrscht wurde, bot die Nacht eine Reihe von magischen Trugbildern dar.

Ich lauschte den sich verändernden Klängen, als die Tagesbewohner durch jene nachtaktiven Arten ersetzt wurden, die die Wiese zu einer Arena machten, in der gefressen, geflogen, gerufen und gekrochen wurde. Die Spätschicht hatte begonnen, und die Geschöpfe der Nacht stimmten sich langsam ein, wie ein Schulorchester auf der ersten Probe nach den großen Ferien. Um die trübe Lampe, die am Ende von Dulcies Gasse hing, schlugen flatternde Motten Paradiddle-Rhythmen mit ihren trockenen Flügeln, und die huschenden Schattenformen von Fledermäusen klackten, wenn sie herabschossen, um sie dutzendfach zu schnappen, oder in unregelmäßigen, zuckenden Kreisen dahinsausten, fieberhaft fressend, während sie die Nacht kartierten.

Feldmäuse bahnten sich winzige überdachte Gänge durchs Gras, und eine Schleiereule schaute stumm von ihrem Baumwipfelausguck aus zu. Ich folgte dem Klang ihres Rufs mit den Augen und spähte mehrere Minuten lang in das dunkel werdende Blau, bevor ich ihre Silhouette auf dem Ast sah und dann, nur ganz kurz, ihre großen, starren Augen, wie zwei Monde, vor denen ein hauchzarter Wolkenstreifen treibt.

In dem Moment empfand ich so etwas wie eine Verbundenheit mit den einsamen Seeleuten und Fischern da draußen am Meereshorizont, die nur ihre blinkenden Laternen hatten, um ihre Existenz nachzuweisen, die Küste ihres Landes und die warmen Betten ihrer Frauen ebenso fern wie andere Planeten – sichtbar, aber unerreichbar, zwischen Daumen und Zeigefinger gehalten, während sie auf der sanften Dünung schwankten, mit nur dem tiefen Weh der Sehnsucht als Anker.

Von weiter weg hörte ich eine weitere Eule rufen, und dann begann auf der anderen Seite des Beckens, das sich hinunter zum Meer senkte, ein einsamer Hund unaufhörlich zu bellen. Der Whisky-Tee blieb unangetastet.

Die Nacht allein hatte mich genug berauscht. Nach einer Weile nahm sie mich ganz in sich auf.

Benjamin Myers

NACHT-MENSCHEN

VIELLEICHT LAG ES DARAN, dass Anna und ich einander eines Nachts begegnet waren. Wir liebten beide die Dunkelheit, denn manches Überraschende geschah nur in der Finsternis. Lärm und Aufregung, alle die nervösen Heftigkeiten des Tages sanken in sich zusammen und wurden am Abend überschaubar. Nachts konnte man reden, und wenn es niemanden sonst gab, so sprach man auch mit einer freundlich leuchtenden Straßenlaterne. Wer verstand derlei bei Tageslicht?

»Sonnenschein ist schön«, sagte Anna, »Aber er macht alles so hell, dass man gar nicht weit sehen kann. Nachts ist das Leben schöner. Man kann sich nachts so groß machen, dass die Finger bis an die Sterne reichen, und die sind doch riesig weit weg. Und dann die Ohren. Am Tag ist alles laut, dass du überhaupt nichts hörst ... aber nachts hört man die Blätter singen.«

Mutter hatte Verständnis für unsere Ausflüge in der Dunkelheit. Am liebsten wäre sie selber mitgekommen.

»Viel Spaß«, sagte sie jedes Mal, wenn wir loszogen. »Und verlauft euch nicht.«

Sie meinte damit nicht, dass wir uns in den Straßen des East End wirklich verlaufen könnten. Sie verstand, dass einem die Fantasie abhandenkommen könnte zwischen all den Sternen. Sie wusste, dass »sich verlaufen« und »seinen Weg finden« die zwei Seiten ein und derselbe Münze waren. Man konnte die eine nicht ohne die andere haben.

»Warum geht ihr nicht raus?«, fragte sie. »Es gießt wie aus Eimern, und ihr sitzt hier rum.« So grauenhaft das Wetter auch sein mochte, Mutter war der Ansicht, man sollte hinaus, es riechen, schmecken, nachsehn, wie es sich anfühlt. Erfahrungen machen. Neugierig sein.

Wenn alle übrigen Mütter nach ihren Freds, Bertas, Betties schrien, dann sagte meine Mutter: »Wenn ihr heimkommt, ist heißes Wasser da, damit es keinen Schnupfen gibt. Und Tee mache ich euch auch.« Jahrelang hielt sie es so, bis sie herausfand, wir seien alt genug, selber heißes Wasser und Tee zu machen. Für Mutter war es selbstverständlich, dass man auch einmal eine ganze Nacht fortblieb. Denn sie wusste, eine Nacht draußen zu verbringen, war etwas Besonderes. Den Tag kannte jeder. Die Nacht nur wenige.

Es gab darum Nachtmenschen, die man am Tag nicht antraf. Die meisten von ihnen redeten gern, und man erfuhr Dinge, von denen man sonst nicht einmal träumen konnte. Natürlich gab es Nachbarn, die uns schief ansahen. Nachts hatte jeder anständige

Mensch im Bett zu liegen und zu schlafen, erst recht, wenn es sich um ein kleines Mädchen handelte. In der Nacht waren die Bösen, die Räuber und Diebe unterwegs. Die Nacht gehörte dem Teufel.

Vielleicht hatten wir Glück. Auf all unseren nächtlichen Ausflügen begegneten wir niemals dem Bösen, den Räubern und Dieben. Wir trafen nur Menschen.

Anna sagte: »Komisch, Fynn, alle Nachtmenschen haben andere Namen als Tagmenschen.«

Es stimmte. Geriet man in eine Gruppe von ihnen, so hatte man noch nicht guten Abend gesagt und wurde schon reihum bekannt gemacht.

»Das ist die verrückte Lilly. Sie ist ein bisschen komisch im Kopf, aber sonst ganz harmlos. Und das da ist der ›alte Spinner‹.« Sein wirklicher Name war Robert Sowieso, aber jedermann nannte ihn nur »alter Spinner«.

Nachtmenschen hatten Zeit, miteinander zu reden. Sie arbeiteten nicht, bis sie spätabends halbtot ins Bett fielen, um am nächsten Morgen mit der gleichen Hetzerei wieder zu beginnen. Nachtmenschen erzählten, erzählten und hörten dem zu, was andere berichteten.

Eine Flasche ging von Hand zu Hand. Jeder wischte die Öffnung ordentlich mit dem Ärmel ab und nahm einen tiefen Schluck. Auch ich kam an die Reihe und trank. Hätte ich es nur nicht getan. Mir drehte sich der Magen um. Hustend, spuckend und mit tränenden Augen reichte ich die Flasche weiter. Das Zeug schmeckte wie Lackfarbe mit einem kräftigen Schuss Dynamit versetzt. Ein Schluck davon war eine Erfahrung, zwei Schlucke eine Strafe, und drei führten zum sicheren Tod.

»Zum ersten Mal probiert, du Hühnchen?«, sagte der »alte Spinner«.

Ich stöhnte. »Zum ersten und zum letzten Mal.«

»Wenn man mehr davon trinkt, gibt sich das«, sagte die verrückte Lilly.

Auf all unseren nächtlichen
Ausflügen begegneten wir
niemals dem Bösen, den
Räubern und Dieben.
Wir trafen nur Menschen.

»Wie heißt dieses Teufelszeug?« Ich bekam langsam wieder Luft.

»Es heißt ›Höllenfeuer‹«, sagte der »alte Spinner«, »wenn man das trinkt, kriegt man keinen Schnupfen, wenn es kalt ist.«

»Es schmeckt wie Benzin.«

Die verrückte Lilly gackerte fröhlich: »Stimmt nicht. Du wirst schon noch auf den Geschmack kommen.«

Anna wollte das Höllenfeuer auch probieren. So tat ich einen Tropfen auf mein Taschentuch und ließ sie daran lutschen. Sie prustete ebenso wie ich. »Grässlich«, sagte sie und zog eine Grimasse.

Alle lachten. Wozu wischten sie nur so säuberlich die Flaschenöffnung ab? Keine einzige Bazille würde dieses Höllenfeuer überleben. Seit jener Erfahrung tranken wir nur noch Tee oder Kakao.

Knast-Willi erzählte von seinen Abenteuern. Sie waren so außerordentlich, dass sie eigentlich das Leben von vier ausgewachsenen Männern hätten füllen können. Was machte es, ob alle Geschichten wahr waren? Wem schadete das, was Willis Fantasie sich ausgemalt hatte? Seine Fantasie war pure Poesie. Die nächtlichen Sterne zerbrachen Mauern, hinter denen Menschen eingesperrt waren. Die Fantasie schwebte frei durch den Raum.

Anna saß auf einer alten Öltonne und war Mittelpunkt der Aufmerksamkeit, wie immer und überall. Ihre Wangen glühten, ihre Augen leuchteten, als Knast-Willi sein Garn spann.

In einer solchen Nacht erzählte auch Anna. Der »alte Spinner« stellte sie auf eine Kiste, und zwei Dutzend Nachtfreunde hörten zu. Sie erzählte von dem König, der einem Gefangenen den Kopf abschlagen lassen wollte. Aber plötzlich änderte er den Befehl, weil er das Lächeln eines Kindes gesehen hatte. Alle Zuhörer nickten. Knast-Willi sagte: »Ah, ja, so'n Lächeln, das ist schon was. Das erinnert mich an die Geschichte, als ich damals ...«, und wieder gab es ein neues Gespinst, das in Willis Kopf Gestalt annahm.

In einer frostigen Aprilnacht trafen wir Rübezahl zum ersten Mal. Warum er so hieß, wusste niemand. Unsere Freunde respektierten und achteten ihn. Er war gebildet und besaß feine Manieren. Er war groß und ging gerade, als hätte er einen Stock verschluckt. Hakennase, Bart und ein wenig wässrige blaue Augen. Wenn Rübezahl lächelte, so erreichte das Lächeln nur seine Mundwinkel. Aber man schaute gar nicht auf das Lächeln, man sah nur in seine Augen, die einen festhielten. Darin stand Zutrauen, und sie überschütteten einen mit Wärme.

Als Anna und ich an das kleine Feuer traten, an dem die Nachtfreunde sich die Hände wärmten, schaute Rübezahl auf und sah uns an. Niemand sprach. Seine Augen wanderten von mir zu Anna, und dort blieben sie. Er hielt ihr die Hand hin, und sie ging zu ihm. Sie hielt seine Hand fest, und beide waren fortan Freunde. »Bist du nicht noch ein bisschen jung für das hier, Kleines?«, fragte Rübezahl.

Anna schwieg und sah ihn an. Er verlangte keine Antwort. Er hatte es nicht eilig und konnte warten.

Schließlich sagte sie ruhig: »Ich bin alt genug fürs Leben.«

Rübezahl lächelte und zog eine alte Holzkiste neben sich. Anna setzte sich.

Ich stand verloren und vergessen herum. So suchte ich mir auch eine Kiste und setzte mich dazu. Wir schwiegen ein paar Minuten lang. Rübezahl stopfte sich umständlich eine Pfeife und ging zum Feuer, um sie anzuzünden. Als er sich wieder setzte, legte er eine Hand auf Annas Kopf und sagte etwas, das ich nicht verstand. Beide lachten. Er rauchte ruhig vor sich hin.

»Magst du Gedichte?«, fragte er.

Anna nickte. Rübezahl beschäftigte sich weiter mit der Pfeife.

»Weißt du, was Gedichte sind?«, fragte er weiter und paffte große Wolken.

»Ja«, erwiderte Anna, »es ist so eine Art Nähen.«

»Aha!« Rübezahl nickte. »Und was meinst du mit ›eine Art Nähen‹?«

Anna wandte die Worte in ihrem Kopf hin und her.

»Ich denk mir das so, man näht aus vielen kleinen versch|e-

Und ich mag die Dunkelheit,
weil ich da über mich selber
nachdenken und nach
Klarheit suchen kann.

denen Stücken etwas zusammen, und das ist dann wieder ganz verschieden von dem, was es vorher war.«

»Hm«, brummte Rübezahl, »ich glaub, das ist eine ganz gute Erklärung für Poesie.«

»Darf ich mal was fragen?«, sagte Anna.

»Natürlich.«

»Warum leben Sie nicht in einem Haus?«

Rübezahl betrachtete seine Pfeife und strich sich den Bart.

»Ich glaub, das kann man so nicht beantworten. Kannst du dasselbe anders fragen?«

Anna dachte einen Moment nach, dann sagte sie: »Warum leben Sie gern im Dunkeln?«

»Im Dunkeln?« Rübezahl lächelte. »Das kann ich leicht beantworten, aber ob du die Antwort verstehst?«

»Wenn es eine Antwort ist, dann versteh ich sie«, sagte Anna.

»Ah ja, natürlich. Wenn es eine Antwort ist. Das ist wahr, nur ob es eine Antwort ist?« Er machte eine Pause. »Magst du die Dunkelheit?«

Anna nickte: »Sie macht einen groß. Sie macht Taggefängnisse riesig und nicht mehr eng.«

Rübezahl lachte leise. »Tatsächlich, tatsächlich«, sagte er. »Und ich mag die Dunkelheit, weil ich da über mich selber nachdenken und nach Klarheit suchen kann. Am Tag denken die andern über mich nach, und das meiste davon ist falsch. Verstehst du das?«

Anna lächelte. Rübezahl streckte die Hand aus und strich über ihre Augen. Dann nahm er ihre Hände in die seinen und dachte nach. Am Tag war es eine schäbige, schmutzige Ecke wie irgendeine andere. Heute Nacht war sie verzaubert.

Fynn

Der Boden unter meinen Füßen

TIEF IN DER NACHT wache ich auf. Mein Nachthemd ist weich und kuschelig, weiß-blau gemustert. Ich tapse über den Flur, meine Schuhe klackern über das Parkett. Ich trage Korrekturschuhe in der Nacht, kleine Holzsohlen mit Holzstegen zwischen den Zehen, um meine Zehenstellung zu korrigieren. Ich schäme mich für diese Schuhe, ich hasse sie, ich heule und will sie nicht tragen. Alles, wirklich alles versuchen meine Eltern, um uns schöner zu machen. Ich bekomme weiße Handschuhe angezogen mit einem langen Plastiknippel an jedem Finger, an dem ich in Zukunft kauen soll, statt am Daumen zu lutschen und meine Zähne für immer zu ruinieren. Meinen Schwestern werden die abstehenden Ohren mit Pflaster am Kopf festgeklebt, damit sie später nicht wegen ihrer Segelohren gehänselt werden. Mein Vater kann zu unserem Vergnügen mit seinen Ohren wackeln, sie stehen so weit ab, dass die Sonne hindurchscheint und sie orange färbt. Ich gehe über das Parkett, die Schuhe sind rutschig, ich habe Angst hinzufallen. Dort drüben schlafen meine Eltern. Ich mag es nicht, wenn sie schlafen, es ist unheimlich. Sie sind nicht mehr da, wenn sie schlafen, aber wo sind sie dann? Ich schiebe meiner Mutter die Augenlider nach oben. Wo bist du gerade? Ich höre meinen Vater schnarchen, er muss schnarchen, um die Familie vor wilden Tieren zu beschützen, sagt er gern. Sein Kinn kratzt, wenn er uns küsst. Sein Bart ist schwarz, er rasiert sich mehrmals am Tag. Er gibt uns Schmetterlingsküsse abends vor dem Einschlafen. Mit seinen Wimpern berührt er unsere Wangen. Ich kann gar nicht genug von diesen Küssen bekommen. Der Boden unseres Kinderzimmers ist grün wie Gras. Ich sitze darauf wie auf einer Wiese. Ich stehe nachts im Flur, und keiner schaut mir zu. Es ist in seltsames Gefühl, wenn keiner schaut, denn sonst schaut immer jemand, weil wir eine große Familie sind. Es ist mir nicht ganz klar, wer ich bin, wenn keiner schaut. Es macht mich unruhig. Ich begegne diesem Gefühl viele Jahre später in Japan wieder, verpackt in einen Zen-Koan: Wer bist du, wenn dir keiner zuschaut? Und auch die Schuhe finde ich dort wieder, japanische Holz-Getas, sie machen ein ganz ähnliches Geräusch.

Ich schäme mich mit meinen komischen Korrekturschuhen. Niemand sonst auf der ganzen Welt trägt solche Schuhe, da bin ich mir sicher. Ich bin jemand anders als bei Tag. Es ist unheimlich und aufregend, ganz allein im Flur in der Nacht, ich könnte einfach davongehen, über den Flur zur Wohnungstür und hinaus. Rechts liegt die Küche, dort wird eine Schwester im wilden Spiel auf einen Heizungshahn stürzen und so bluten, dass sich der Linoleumboden rot färbt.

Wir sind älter, ich schlafe oben im Stockbett, meine Geschwister neben und unter mir. Sie stemmen ihre Füße gegen die Matratze und heben mich ein paar Zentimeter hoch, ich lasse meine Hand nach unten baumeln, und manchmal ergreifen sie sie. Die Schwestern lutschen am Daumen und an der Bettdecke, mit der Zeit wurden alle Verschönerungsversuche eingestellt. Ich habe für immer krumme Zehen. Der Flur ist nicht lang, die Wohnung nicht groß. Tagsüber werden die Betten meiner Eltern zusammengeklappt und silbriggrüne Vorhänge vorgezogen. Hinter den Vorhängen verstecken wir uns, die Bettfedern im Rücken wie große Tiere. Abends, wenn die Betten aufgeklappt werden, keuchen und quietschen die Bettfedern, man sieht ihnen nicht an, wer sie tagsüber waren. Mein Vater ist ein anderer im Pyjama, alles ist anders nachts. Im Bücherregal wohnt ein orangefarbener Dinosaurier, er lebt in dem Buch *Mein erstes Wissen*, links auf der Seite, er reißt sein riesiges Maul auf. Ich fürchte mich vor ihm und verstecke das Buch, aber ich kann nicht vergessen, wo ich es versteckt habe, also weiß ich auch, wo der Dinosaurier ist. Es gibt keinen Ausweg aus diesem Dilemma, außer zu schlafen, ganz schnell zu schlafen, aber manchmal zucken meine Beine vor Aufregung und wollen weiterlaufen, weiterrennen, weiterspringen, sie wollen sich nicht zur Ruhe legen. Ich klettere aus dem Bett und stehe allein im dunklen Flur wie das Sterntaler-Mädchen im düsteren Wald, dieses Alleinsein ist erschreckend, aber auch ein bisschen wunderbar, ich könnte, ich könnte etwas erleben, von dem ich bisher gar keine Ahnung hatte, und da kommt plötzlich mein Vater, er nimmt meine Hand und führt mich zurück ins Bett, zurück ins Zimmer zu meinen Schwestern wie in einen leicht stinkenden, gemütlichen Fuchsbau, und alles ist gut – und ein ganz klein bisschen langweilig.

Doris Dörrie

Ich klettere aus dem Bett
und stehe allein im dunklen Flur
wie das Sterntaler-Mädchen
im düsteren Wald,
dieses Alleinsein ist erschreckend,
aber auch ein bisschen wunderbar.

Der nächtliche Lehrer

NACHDEM ER SO LANGE da gesessen hat, bis der Friedhof ganz in bläulichen Schatten versinkt, die Lichttupfer an den Birkenstämmen verschwunden und die Grabsteine erloschen sind und nur der gedrungene Kirchturm noch im kupferfarbenen Sonnenlicht liegt, klappt Lennart den Stuhl zusammen, geht langsam durch das weiche blaugrüne Gras zum Eingangsportal und stellt das seit Jahrzehnten bewährte Plastikmöbel in eine Ecke des Waffenhauses. Seitdem die Kirche kaum mehr ein lebendiges Gotteshaus ist, sondern sich mehr und mehr in ein verwahrlostes Museum verwandelt, sammelt sich in diesem Vorraum immer mehr Unrat: ein zerbrochenes Gestell für fromme Broschüren, eine Großpackung Altarkerzen, zwei zerfetzte Regenschirme, ein Paar alter Schuhe und ein Stapel weinroter Gebetbücher, die aus irgendeinem Grund alle durchnässt sind und einen scharfen Schimmelgeruch verbreiten.

Mit der Aktentasche in der Hand durchmisst Lennart gemächlich und würdevoll den Friedhof, auf dem schon seit ein paar Jahren niemand mehr bestattet worden ist: Beinahe konnte man ihn selbst für einen Geistlichen halten. Als er an Lukas' Grab vorbeikommt, hebt er kaum merklich die Hand zum Gruß und tritt durch den schmalen gotischen Torbogen auf den Weg, der den Grashang hinunter zum Seeufer führt.

Ein paar hundert Meter weit folgt Lennart dann der Uferpromenade. An schönen Spätsommerabenden wie heute ist der See übersät mit weißen Segeldreiecken, auch der Ruderbootverleih macht an solchen Tagen gute Geschäfte. Das Gelächter und Gekreische über der Uferpromenade, die erstickten Rufe über dem weiten Wasser. Die bewaldete Hügelkette auf der anderen Seite sieht in der letzten Sonne wie mit schwarzgrünem Samt überzogen aus. Möwen und Krähen fliegen über der Parkanlage durcheinander. Die Wellen schwappen leise gegen die beinahe weißen Kiesel am Ufer. Eine junge Frau mit langen schwarzen Locken füttert einen schneeweißen Schwan.

Schließlich biegt Lennart in die dämmernden Kleinstadtstraßen ein. Gar nicht weit entfernt rollt gemächlich ein Güterzug durch die Stadt, über die Bahnübergänge mit den ordnungsgemäß herabgelassenen Schranken: Noch immer werden aus dieser entlegenen Waldgegend Fichtenstämme in die Welt hinaustransportiert.

Manchmal steht beiläufig schon die Mondsichel über dem Wipfel eines Gartenobstbaums, wenn Lennart durch die stillen Straßen geht. Auf dem Rasen vor den Veranden der Eigenheime liegt Spielzeug herum, dessen Farben im Abendlicht ungewiss werden, während in den nach Westen gehenden Dachgeschossfenstern noch die Sonne widerscheint. Die Wäsche ist überall schon von der Leine genommen worden: Von den bunten Wäscheklammern stechen nurmehr die gelben und weißen hervor. Rauchschwalben flitzen durch die Dämmerung, wie Sehstörungen. Ihre hohen, aufgeregten Rufe gehören wie wenige andere Geräusche in Lennarts Kindheit.

Hier und da brennt in einem Zimmer bereits eine Lampe, aber es ist noch nicht dunkel genug, als dass das Licht die Fenstervierecke ausfüllen und die Regale und Schränke in den Zimmern sichtbar machen würde. Kinderstimmen und das Klappern von Geschirr dringen heraus, dazwischen auch die verwascheneren Stimmen aus den Fernsehern. Die Fernsehgeräte sind erschreckend groß geworden in den allerletzten Jahren: Hinter einem Fenster auf der anderen Seite der Straße kann Lennart deutlich erkennen, wie ein Mann einen anderen am Kragen packt und gegen eine Wand drückt, bis das Bild umspringt und ein türkis-

Die Väter haben ihre
Krawatten abgenommen,
ihre Hemden leuchten weiß
im letzten Abendlicht.

farbenes Meer hinter einem weißen Strand zeigt. Lennart fragt sich, ob die Wirklichkeit inzwischen wohl so viele Einzelheiten aufweist, dass man sie auf viel größeren Bildschirmen darstellen muss als früher.

Manche Familien nehmen das Abendbrot draußen auf der Veranda oder im Garten ein. Die Väter haben ihre Krawatten abgenommen, ihre Hemden leuchten weiß im letzten Abendlicht. Beim Essen wird wohl besprochen, was sich tagsüber im Büro und in der Schule zugetragen hat und was am Abend im Fernsehen gezeigt wird. Lennart kann die Stimmen der Eigenheimbewohner hören, nicht aber, was sie sagen.

Ab und zu bleibt er stehen, stellt die Tasche auf dem Trottoir ab und starrt lange in das Blätterdunkel eines Buschs, in dem sich vielleicht ein kleiner Vogel regt. Ein vielfarbiger Schmetterling setzt sich auf seinen erhobenen Finger, spreizt die Flügel und ist im nächsten Augenblick wieder verschwunden. Ein Igel huscht verstohlen über die Straße und zwängt sich unter einem Gartenzaun hindurch. Der Bürgersteig ist übersät von den Fruchtfleischflecken der Gartenkirschen und der Gartenpflaumen. Ein andermal, etwas später im Jahr, hört Lennart einen Apfel aus einem Baum fallen: erst das Rascheln und Knistern, als die Frucht sich ihren Weg durch das Blattwerk bahnt, dann das einem vereinzelten Herzschlag ähnelnde Geräusch, als der Apfel im Gras aufprallt. Vielleicht knüpft Lennart an dieses Geräusch Erinnerungen, etwa wie er damals, das Ohr an Elisabeths Bauch gepresst, den Herzschlag ihres Kindes hatte hören wollen. Er hatte gar nichts gehört, so wie er als Kind auch nie das angebliche Rauschen des Meeres in den Muscheln hat hören können, aber er hatte so getan, um Elisabeth nicht zu enttäuschen. Vielleicht denkt er aber auch nichts anderes, als dass es bald dunkel wird und eine sternenklare kühle Nacht zu erwarten ist.

Manchmal geht Lennart dann bald in seine Wohnung hinauf und setzt sich an den großen Schreibtisch, der leer ist bis auf das Bild von Elisabeth in dem Stellrahmen. Es zeigt eine junge

Frau von etwa fünfundzwanzig Jahren mit schulterlangen braunen, leicht ins Rötliche spielenden Haaren. Im Hintergrund sind Bücherregale zu erkennen; das Bild ist an Elisabeths Arbeitsplatz aufgenommen worden. Die graugrünen Augen sind unverwandt auf den Betrachter gerichtet. Merkwürdig geräumig erscheint ihm ihr Gesicht noch immer, es hätte gut und gern ein zweites Augenpaar darin Platz. Auf dem kleinen Mund der Anflug eines Schmunzelns, als sei ihr gerade etwas eingefallen.

Später sitzt Lennart in der Küche an dem mit einer Wachstuchdecke belegten Tisch am Fenster und sieht auf die beleuchtete Schulauffahrt hinaus, die im Regen glänzt, tief verschneit ist oder über die der Nachtwind ein paar gelbe Birkenblätter fegt: Es kommt ganz auf die Jahreszeit an, aber die Reglosigkeit da draußen ist stets die gleiche. Sie schwebt über allen Jahreszeiten. Lennart lauscht dem Wetterbericht im Radio, der wie immer schon in einer Art teilnahmslosen Eindringlichkeit verlesen wird: die längste Fortsetzungsgeschichte, die jemals erzählt wurde. Eine Geschichte, in der jeder und niemand vorkommt, denkt Lennart, die gesamte Menschheit ist auf die unscheinbarste und doch auch wieder deutlichste Weise in sie verwickelt.

Es kommt aber auch vor, dass Lennart lange nach Einbruch der Dunkelheit noch unterwegs ist, in den stillen Wohnstraßen oder am Seeufer herumgeht oder lange das steinerne Tanzpaar auf dem Bahnhofsplatz ansieht oder auf einer Bank am Waldrand sitzt, um die oft die Glühwürmchen herumschweben und in der Spätsommerfinsternis die verschiedenen Blüten-, Nadel- und Kräutergerüche immer deutlicher unterscheidbar werden. Manchmal begegnet ihm Grasberg, der spät am Abend immer noch einmal mit seinem schmutziggrauen Pudel Cato II. spazieren geht und die eine oder andere Zigarette raucht. Mit den Jahren scheint Grasberg beinahe noch größer und hagerer geworden zu sein, und er hat eine spiegelnde Glatze. Er trägt auf seinen Abendgängen meist die grellrote, trotz seiner Körperlänge immer noch viel zu lange Wolljacke, die ihm Pernilla zu seinem fünfundfünfzigsten Geburtstag gestrickt hat. Denn Grasberg ist seit gut zwei Jahren nicht mehr Junggeselle: Über eine Bekanntschaftsanzeige hat er Pernilla gefunden, Elisabeths Nachfolgerin in der Bibliothek.

Wie geht es deiner werten Gemahlin?, kann Lennart fragen. Habt ihr es gut miteinander?

Du hast leicht lachen, Lennart, kann Grasberg mit saurer Miene antworten.

Im Schein der Straßenlaternen gehen sie eine Weile nebeneinanderher. Grasbergs rote Jacke schimmert weithin durch die Bäume hindurch, Lennarts Gestalt aber scheint sich in der Dunkelheit fast aufzulösen. Man hört nichts als das kratzende Geräusch, wenn im Nachtwind die Birkenblätter über den Asphalt fegen, oder das Fauchen einer Katze in der Ferne. Auch der Pudel gibt kaum je einen Laut von sich, nur manchmal meint man das Klingeln seiner Marke zu hören. Grasberg erzählt, um etwas zu sagen, dass das Lokalfernsehen in der Schule einen Beitrag gedreht hat. Unglaubliche Wichtigtuer waren das! Sie haben die Kinder gefragt, wie ihnen das Essen aus der Schulküche schmeckt. Die Reportage ist allerdings bislang nicht gesendet worden. Oder er erzählt von den Kollegen: Unsere geschätzte Frau Strom hat sich scheiden lassen, mit vierundsechzig Jahren, und ist nun noch schwerer zu ertragen als vorher. Außerdem gibt es seit diesem Schuljahr noch eine junge Französischlehrerin, eine schmucke Person, die solltest du mal sehen.

Und ich, ich habe einen ganzen Stapel von Bildern in meinem Schreibtisch gefunden, erwidert Lennart, Garten mit Apfelbaum, in Wasserfarben, von einer 6c gemalt. Nur von welchem Jahrgang? Oder Lennart erzählt: Heute Nacht bin ich im Traum in Elisabeths himmelblauer Ente auf eurem Schulhof auf und ab gefahren, pausenlos, wie in einem Spiel, dessen Sinn ich allerdings selbst nicht verstanden habe.

Mit einem *Also dann* gehen sie schließlich auseinander, Lennart und Grasberg. Grasberg wird noch eine Weile neben Pernilla vor dem Fernsehgerät sitzen, oder er zieht sich in sein Arbeitszimmer zurück, um noch ein paar Schulaufgaben nachzusehen oder in einer archäologischen Zeitschrift zu lesen. Lennart wird sich den Wetterbericht anhören und dabei auf die menschenleere, bernsteinfarben beleuchtete Schulauffahrt hinunterschauen. Dann wird er vielleicht noch in einem der Bildbände mit mittelalterlichen Kunstwerken blättern, die Lukas ihm hinterlassen hat.

Manchmal im Winter aber, wenn es am allerkältesten ist, bemerkt Grasberg auf seinen Abendgängen mit Cato II., dass in einem der Klassenzimmer im Erdgeschoss Licht brennt und aus den Fenstern ein fahler Schein auf den verschneiten Schulhof fällt.

Sieh dir das an, Cato II. Unser Schulgespenst, der nächtliche Lehrer, geht wieder einmal um, sagt Grasberg und bleibt stehen. Hinter einem der Fenster zeichnet sich im Neonlicht eine untersetzte Gestalt ab, die reglos neben dem Lehrerpult steht. Nur von Zeit zu Zeit tritt sie zögernd an die Tafel, und es sieht so aus, als ob sie etwas anschreibe oder zeichne, um es im nächsten Augenblick gleich wieder auszulöschen. Manchmal geht die Gestalt auch langsam zwischen den Bankreihen auf und ab.

Grasberg schaut dem nächtlichen Lehrer ein paar Minuten zu, während er eine Zigarette raucht. Dann macht er sich mit Cato II. auf den Heimweg zu Pernilla, die vor dem Fernseher sitzt und strickt. Grasberg zieht sich die Mutze tiefer über den blanken Schädel, denn die klaren Januarnächte in Sandvika sind über die Maßen kalt. Über den verschneiten Tannenwipfeln leuchten dicht an dicht die Wintersterne. Die mit überfrorenem Schnee bedeckte Straße schimmert im funzligen Licht der Straßenlaternen. Grasberg sieht sich nicht mehr um auf dem Nachhauseweg. Er weiß, dass es Mitternacht oder noch später werden kann, bis das Licht in dem Klassenzimmer ausgegangen sein wird und sich völlige Dunkelheit über das Schulgebäude breitet.

Klaus Böldl

Über den verschneiten
Tannenwipfeln leuchten
dicht an dicht die
Wintersterne.

Die Frau und die Landschaft

UND MIT DER TÜR, die zufiel, krachte der Donner nieder, als seien alle Himmel auf die Erde gefallen.

Und dann rauschte es, Bäche stürzten von unendlicher Höhe wie Wasserfälle, und der Sturm schwenkte sie als nasse Taue prassend hin und her. Manchmal schnellte er Büschel eiskalten Wassers und süßer, gewürzter Luft zum Fensterrahmen herein, wo ich schauend stand, bis das Haar mir nass war und ich troff von den kalten Schauern. Aber ich war selig, das reine Element zu fühlen, mir war, als löste nun auch meine Schwüle sich in den Blitzen los, und ich hätte schreien mögen vor Lust. Alles vergaß ich in dem ekstatischen Gefühl, wieder atmen zu können und frisch zu sein, und ich sog diese Kühle in mich wie die Erde, wie das Land: Ich fühlte den seligen Schauer des Durchrütteltseins wie die Bäume, die sich zischend schwangen unter der nassen Rute des Regens. Dämonisch schön war der wollüstige Kampf des Himmels mit der Erde, eine gigantische Brautnacht, deren Lust ich mitfühlend genoss. Mit Blitzen griff der Himmel herab, mit Donner stürzte er auf die Erbebende nieder, und es war in diesem stöhnenden Dunkel ein rasendes Ineinandersinken von Höhe und Tiefe, wie von Geschlecht zu Geschlecht. Die Bäume stöhnten vor Wollust, und mit immer glühenderen Blitzen flocht sich die Ferne zusammen, man sah die heißen Adern des Himmels offen stehen, sie sprühten sich aus und mengten sich mit den nassen Rinnsalen der Wege. Alles brach auseinander und stürzte zusammen, Nacht und Welt – ein wunderbarer neuer Atem, in den sich der Duft der Felder vermengte mit dem feurigen Odem des Himmels, drang kühl in mich ein. Drei Wochen zurückgehaltener Glut rasten sich in diesem Kampf aus, und auch in mir fühlte ich die Entspannung. Es war mir, als rausche der Regen in meine Poren hinein, als durchsause reinigend der Wind meine Brust, und ich fühlte mich und mein Erleben nicht mehr einzeln und beseelt, ich war nur Welt, Orkan, Schauer, Wesen und Nacht im Überschwang der Natur. Und dann, als alles mählich stiller ward, die Blitze bloß blau und ungefährlich den Horizont umschweiften, der Donner nur noch väterlich mahnend grollte und das Rauschen des Regens rhythmisch ward im ermattenden Wind, da kam auch mich ein Leiserwerden und Müdigkeit an. Wie Musik fühlte ich meine schwingenden Nerven erklingen, und sanfte Gelöstheit sank in meine Glieder. Oh, schlafen jetzt mit der Natur und dann aufwachen mit ihr! Ich warf die Kleider ab und mich ins Bett. Noch waren weiche, fremde Formen darin. Ich spürte sie dumpf, das seltsame Abenteuer wollte sich noch einmal besinnen, aber ich verstand es nicht mehr. Der Regen draußen rauschte und rauschte und wusch mir meine Gedanken weg. Ich fühlte alles nur noch als Traum. Immer wollte ich noch etwas zurückdenken von dem, was mir geschehen war, aber der Regen rauschte und rauschte, eine wunderbare Wiege war die sanfte, klingende Nacht, und ich sank in sie hinein, einschlummernd in ihrem Schlummer.

Am nächsten Morgen, als ich ans Fenster trat, sah ich eine verwandelte Welt. Klar, mit festen Umrissen, weiter lag das Land in sicherem, sonnigem Glanz, und hoch über ihm, ein leuchtender Spiegel dieser Stille, wölbte der Horizont sich blau und fern. Klar waren die Grenzen gezogen, unendlich fern stand der Himmel, der gestern sich tief hinab in die Felder gewühlt und sie fruchtbar gemacht. Jetzt aber war er fern, weltenweit und ohne Zusammenhang, nirgends rührte er sie mehr an, die duftende, atmende, gestillte Erde, sein Weib. Ein blauer Abgrund schimmerte kühl zwischen ihm und der Tiefe, wunschlos blickten sie einander an und fremd, der Himmel und die Landschaft.

Stefan Zweig

Schlafen werden wir später

31. MÄRZ 2009–07:04

Liebste Johanna,
ich wünschte, ich könnte im Geheimen Garten vorbeischauen, bei Dir würde ich meinen Strauß bestellen, bei Dir, nicht bei Kathrin, violett müsste er, in bisschen blau dürfte er sein, ich würde einen Kaffee nehmen, mich ans Fenster setzen und mit Colin im Schoß warten, bis er gebunden wäre, bis ich meine Nase zwischen Viola und Flieder stecken und tief einatmen könnte, oder was wächst und blüht jetzt *am Tannenbühl in der Mitte des Waldes*? Bin neidisch auf Kathrin, weil Ihr Euch beim Tee erst die nachtfrischen, dann die alten unvergessenen, ewig zurückkehrenden Träume klagen könnt, bevor Du Möhren in eine Schale legst, Kathrin das Glöckchen einhängt, die Tür öffnet und den feuchtkalten, wolkengeschmückt regenverkündenden, launischen Märzmorgen hereinlässt. Wie verrückt, wie unerklärbar

verrückt unsere Lebenswege sich winden und kreuzen! Warum, liebste Jo, hat es Kathrin in den schwarzen Wald, in Deine Nähe verschlagen, warum nicht mich?

Aber ich beschwere mich nicht, nein, ich schimpfe nicht, mache Dir keine Vorwürfe, heute bin ich glücklich und leicht, nicht schwerelos, aber leicht, doch, fast ein bisschen ohne Gewicht weil ich gestern schreiben konnte, bei Lori, an ihrem alten Ateliertisch aus Kirschholz, das man wegen unzähliger Farbkleckse kaum sehen kann, die Lori über Jahre darauf verteilt hat und die mich abgelenkt und weggezogen haben, auf seltsam sich verzweigende grüngelbe Straßen, in feine rote Sackgassen, während Henri von Lori spazieren gefahren oder auf ihrem Wohnzimmerteppich bewundert wurde, den er arg zugespuckt hat. Ich hatte Ruhe, Johanna, Ruhe, verstehst Du? Zwei Erzählungen habe ich überarbeitet, eine davon *Das andere Zimmer*, auf die Du schon wartest und die ich in dieser seligen Ruhe für nahezu fertig erklärt habe, Henris Schreie hinter geschlossenen Türen *schwach wie fernes Gewitter.* Ruhe, dreimal hintereinander Ruhe, um nichts, gar nichts brauchte ich mich zu kümmern, außer Henri zu stillen, wenn Lori alle zwei, drei Stunden an die Tür klopfte und mir mein jammerndes Kindchen reichte. Trotz Loris Zitterhand, mit der sie wohl leben muss, gab es warmes Essen, Sellerie, Fleisch, Petersilienkartoffeln, eine klare Suppe vorab, keine belegten Brote wie sonst, weil es ja immer schnell gehen muss, weil keiner von uns Zeit hat, Suppen zu kochen, Suppen schon gar nicht, das Kindermädchen nicht, Simon nicht, ich nicht. Erst gegen Mitternacht sind wir los, Simon holte uns spät ab, gerade noch rechtzeitig, um nicht denken zu müssen, er hat uns vergessen, Henri und mich einfach lieber vergessen.

Vor meiner Kaffeetasse liegen Einladungen in die Länder, wo *Grobe Fährten* im Sommer erscheinen soll, ganz oder halb oder in winzigen Auszügen in einer Sammlung, das ist übersichtlich, sehr übersichtlich, Norwegen ist dabei, mein treues Norwegen, und Schweden, ich müsste nur zusagen. Aber noch zögere ich,

ich höre schon die Telefonstimmen: Márta?, dein Kind brüllt seit Stunden, seit du weggegangen bist, brüllt es! Noch fehlt es mir an Ideen, wie mir das gelingen könnte, vom Flugzeug ins Hotel, Milch abpumpen mit dieser Foltermaschine, damit sie nicht aufhört zu fließen, sprechen, lesen und die Augen nicht zufallen zu lassen, obwohl mir um zehn Uhr abends genau danach wäre, nichts wünsche ich mir um zehn so sehr, wie meine Augen zufallen zu lassen, wegen meiner von Henriklagen zerrissenen Nächte – mein ständiges Schlafen später. Aber ein Bild habe ich, Johanna, ich stehle mir eine Minute, von irgendwoher noch eine, habe also zwei Minuten, in denen ich in azurblassblauer Sommerluft sitze, über mir, nur für mich, eitel selbstverliebt der sagenhaft große Nordhimmel – und ich klitzeklein darunter.

Márti

1. APRIL 2009–23:39

Liebste Márta,
aus dem All sinkt die Nacht mit glitzernden Nägeln – Dir klage ich meinen jüngsten Traum. Nicht Kathrin. Der alte Dämon Markus ist zurück. Führt mich jede Nacht in mein früheres Leben. Lehnt seine zwei Meter an meinen Türrahmen. Dreht seine Schulter so, dass ich die Tür nicht schließen kann. Dreitagebart und dunkle Brillenränder wie immer. Stirnlocke, die ins Gesicht fällt und unter der rechten Braue, knapp über dem Auge, zum Halten kommt, wie immer. Hand am Kinn. *Bärenstimme*. Schulterschiefe Haltung. Grüner Parka gegen den Schwarzwaldregen. Alles wie immer. Das winzige, nicht auszurottende, nicht zu verbannende miese Etwas, das dicht an meinem Ohr raunt: Geh mit ihm, Johanna, geh. Auch das wie immer. Heute Nacht sagte Markus, die Ärzte schicken ihn. Ich sei zu früh aufgestanden und weggegangen. Ich solle mir etwas überziehen. Ins Auto steigen. Aber ich

zog mir nichts über und stieg nicht ein. Ich habe Markus nicht hereingelassen. Ihn nicht hereingebeten. Obwohl dieses Haus einmal auch sein Haus war. Diese Zimmer einmal auch seine Zimmer waren. Nein, hereingebeten habe ich ihn nicht. Auch wenn es sich sehr aufwendig angefühlt hat, es nicht zu tun. Es mir zu verbieten. Ja, es ist das richtige Wort, Márti. Aufwendig. Als ich aufwachte, war ich glücklich, es nicht getan zu haben. So glücklich, wie ich heute Morgen sein konnte.

Es macht mir Angst, auf welchen Markuspfaden mein Hirn wider meinen Willen umherschleicht. Oder sind es meine Krebspfade? Meine Krankenhauswege? Die immer vor derselben Tür enden? *Frauenklinik. Abteilung Gyn 2. Zimmer 5.* Ich hatte gehofft, die seien stillgelegt. Verschüttet. Mit dem Moos der Wutachschlucht überwachsen. Aber der Schlaf nimmt mich mit. Wirft mich in einen Traum, den ich nicht träumen will, platsch! Ich sträube mich, ihn zu träumen. Noch den ganzen folgenden, sich bis in den Abend streckenden Tag sträube ich mich, ihn geträumt zu haben. Aber so weit bin ich noch nicht. Dass ich mir aussuchen könnte, was ich träumen will. Was lieber nicht. Eine kleine rebellische Ecke meines Kopfes öffnet Markus nachts die Tür und sagt, komm herein. Nein, du störst nicht. Überhaupt nicht. Komm ruhig, Johanna hat nichts dagegen. Auch wenn ich bei Tageslicht weiß, Markus ist längst gegangen. Ich habe gesehen, er ist gegangen. Ich weiß es doch. Das hat mein Blutlabyrinth sehr unfreundlich eingerichtet. Dass ich so viel Aufwand betreiben muss, bis es mir eines Tages gleich ist. Ich gleichgültig sein kann. Tief in meinem *Traumkopf*. Auch Dein Wort. Faser um Faser, Vene, Knochen, Muskel, Organ markusgleichgültig. Lunge, Nieren, Herz markusgleichgültig.

Es dauert, bis ich mich nach dem Aufstehen in Studienrätin Johanna Messner verwandle. Ich verwandle mich, wenn ich meinen Tee trinke. Unter der Brause stehe. Im Radio die Frühnachrichten höre. Merke, die Welt ist noch da. Es gibt sie. Alles geschieht in wiederkehrendem Gleichklang. Im immergleichen

Wechsel. Wenn ich meine Kleider überziehe. Mein Haar bürste. Locke für Locke höllenrotes Haar über den Kamm drehe. Das seine alte Länge noch eine Weile nicht erreicht haben wird. Wenn ich die Tür öffne, aufs Rad steige und losrolle. Den ersten Hauch Schwarzwaldluft atme und weiß, es wird ein kalter, nein, heute wird ein warmer Tag. Ein Tag ohne Regen. Ohne einen Tropfen Regen.

Sei unbesorgt, für andere bleibt das unbemerkt. Ich schaue wie jeden Morgen auf meine Schüler. Wie jeden Morgen fordere ich sie auf, etwas zu lesen. Etwas zu schreiben. Zu sagen. Wie jeden Morgen zeige ich auf die Tafel. Wie jeden Morgen seit eh und je. Niemand würde denken, Frau Messner ist an einem anderen Ort. Jetzt, da sie starke und schwache Verben an die Tafel schreibt. Fallen. Träumen. Entkommen. Ich entkam. Du entkamst. Er, sie, es entkam. Jetzt ist sie an einem Ort zwischen Wachen und Schlafen. Sie versucht, sich einem bösen Traum zu entwinden. Entwinde mich, endwindest dich, entwindet sich. Gerade setzt sie alles daran, ihr Markusbild zu verjagen.

Jo

2. APRIL 2009–23: 09

Liebste Johanna,
eines Tages verwandeln sich alle in Dämonen, und uns fällt nicht mehr ein, wie wir etwas anderes in ihnen hatten sehen können. Vielleicht wird auch Simon irgendwann aussehen wie ein Dämon oder wie ein Wasserspeier an Deinem Freiburger Münster, der diese Dämonen verschrecken soll, mit seinen zu groß geratenen Ohren und Zähnen, seinen Riesenklauen. Noch tut er das nicht, nichts deutet darauf hin, dass er je so aussehen könnte, die blonden, kinnlangen Haare trägt er wie immer hinter die Ohren gesteckt, die Augen sind genauso nordmeerbleiblau tief liegend,

Jetzt ist sie an
einem Ort zwischen
Wachen und Schlafen.
Sie versucht, sich
einem bösen Traum
zu entwinden.

die Lippen, die er eins zu eins an unsere Tochter weitergereicht hat, zeigen noch genauso spitz blassrot nach oben, selbst sein Körper ist unverändert, Beine in leichtem O, Hände fein, Schultern rund, Haut weich, alles unverändert hübsch und gut, ja, noch immer gut und hübsch anzusehen.

Ich kann kaum etwas anderes tun, als um Henri herumzuspringen, also kann ich Dir nicht viel schreiben, geschweige denn Gedichte oder Erzählungen, das gehört in ein anderes Mártaleben. Simon und ich haben ein zuckersüßes Baby, das leider ein zuckersüßes Schrei-Baby ist, wie mir die Ärztin offenbart hat, nachdem Henri seit Tagen mit nichts zu beruhigen war. Er wird von Simon und mir geschaukelt, gewickelt, getröstet, getragen, gewiegt, aber nichts gefällt ihm, er wird von Mia und Franz besungen, besprochen, beflüstert, geküsst, geherzt, gedrückt, aber nichts davon mag er. Wenn Henri still ist, um Luft zu holen, höre ich sein Schreien weiter, doch die Natur hat eingerichtet, dass Simon und ich, sobald Henri wegdämmert und seufzt, sofort denken, ist er nicht wunderbar? So rosig, frisch und neu? Jetzt liegt er auf meinen Schenkeln und schläft, meine Nerven sind angeritzt, Johanna, doch ich schreibe Dir, damit Du siehst, es gibt mich, ich lebe, wenn auch nur halb, ich atme, wenn auch viel zu schnell, und wenn Ihr kommt, wird es schwierig, weil man kaum reden kann und das Gebrüll am Abend nicht auszuhalten ist – dennoch würde ich mich über nichts mehr freuen als über Dich und Kathrin auf meiner schiefen Küchenbank mit den aufmüpfigen Zupfspreißeln, vor uns auf den Brandlöchern der Tischdecke eine Flasche Marillenschnaps aus Amorbach und ein Teller handgedrehter Pralinen, von Loris Zitterfingern mit Pistazie und Kaffeebohne verziert.

Ihr fahrt doch über unsere hässliche große Stadt mit den vielen, vielen Autos und dem zurückgedrängten, röchelnden, wehrlos nadelnden Wald, über den die Flugzeuge nach West und Ost donnern? Wir könnten durch die nahen Niddaauen spazieren, hör nur, wie großartig, wie fantastisch das klingt, Henri in seinem

Wagen brüllen lassen, bis wir drei im Gleichschritt den Hölderlinpfad kreuzen, ungefähr auf Höhe der 661, und uns angesichts dieser Blech- und Betonhölle zum tausendsten Mal fragen, ob es wirklich hier gewesen sein soll, dass Hölder sein wund gescheuertes Herz an Susette vergeudet und verprasst hat. Wie hört sich das an?

Die Liebe zwingt all uns nieder, aber der Mond hinter den Dächern hält gerade still. Ich kann sehen, wie er sich hinter zwei Strommasten verstecken will, nicht ahnt, dass sie zu schmal sind und es nicht ausreichen kann. Zu dumm, dieser Mond.

Schlaf gut, meine Schönste, und träum den gewünschten Traum.

Es liebt Dich.
Márta

Zsuzsa Bánk

SCHLAFLOSE NÄCHTE

DU LIEGST IN SPÄTER NACHT ZU BETT und kannst nicht schlafen. Die Straße ist still, in den Gärten rührt der Wind zuweilen die Bäume. Irgendwo schlägt ein Hund an; in einer fernen Straße fährt ein Wagen. Du hörst ihn genau, du erkennst am wiegenden Geräusch, dass es ein Wagen auf Federn ist, du folgst ihm in Gedanken, er biegt um eine Ecke, er fährt plötzlich schneller und bald zerrinnt das eilige Rollen leis in die große Stille. Dann ein später Fußgänger. Er geht rasch, sein Tritt hallt sonderbar in der leeren Straße. Er bleibt stehen, schließt eine Tür auf, zieht sie hinter sich zu, und wieder ist große Stille. Wieder und noch einmal klingt ein kleines Stück Leben herein, immer seltener, immer schwächer, und dann kommen die Stunden, wo alles müde ist und jeder leiseste Wind und jedes feine Mörtelkorn, das hinter den Tapeten niederrinnt, laut hörbar und mächtig wird und dir die Sinne erregt. Und kein Schlaf. Nur die Müdigkeit zieht einen feinen Schleier über Augen und Gedanken, du hörst ein rastloses Blut im Ohre klingen, du hörst im schmerzenden Kopf das feine, fiebernde Leben, du spürst in aufliegenden Adern den gleichmäßigen und doch verwirrenden Takt der Pulse.

Es hilft dir nichts, dich hin und her zu werfen, aufzustehen und dich wieder zu legen. Es ist eine von den Stunden, in denen du dir selbst auf keine Weise entrinnen kannst. Gedanken und Bewegungen des Gemüts und der Erinnerung werden in dir Herr, und du hast keine Gesellschaft, sie wie sonst totzureden. Dem, der in der Fremde lebt, tritt Haus und Garten der Heimat und Kindheit vor das Auge, die Wälder, in denen er seine freiesten und unvergesslichsten Knabentage verlebt hat, die Zimmer und Treppen, in denen seine Knabenspiele gelärmt haben. Die Bilder der Eltern fremd, ernst und gealtert, mit Liebe, Sorge und leisem Vorwurf im Blick. Er streckt die Hand aus und sucht vergebens eine entgegengebotene Rechte, eine große Traurigkeit und Vereinsamung kommt über ihn, darüber treten andere Gestalten hervor, und in der befangenen und ernsten Stimmung dieser Stunde machen sie uns fast alle traurig. Wer hat nicht in jungen Jahren seinen Nächsten schwere Tage gemacht, Liebe zurückgewiesen und Wohlwollen verachtet, wer hat nicht irgendein Glück, was einmal für ihn bereitstand, in Trotz und Übermut versäumt, wer hat nicht fremde oder eigene Ehrfurcht einmal verletzt oder gegen Freunde durch ein törichtes Wort, durch ein ungehaltenes Versprechen, durch eine unschöne und wehtuende Gebärde sich vergangen? Jetzt stehen sie vor dir, reden kein Wort und sehen dich aus ruhigen Augen seltsam an, und du schämst dich vor ihnen und vor dir selber.

Es fällt dir ein, wie viele Nächte du im selben Bette sorglos schliefst zwischen Tagen voll von Bewegung, Lärm und Zerstreuung und wie undenkbar lange her es ist, seit du so wie heute dich selber zum stummen, ungeschminkten Gesellschafter hattest. Du hattest drauflosgelebt, du hattest in dieser Zeit unendlich viel gesehen, geredet, gehört, gelacht, und nun ist das alles, als wäre es nicht gewesen, ist dir fremd und fällt von dir ab, während die blauen Himmel deiner Kinderzeit, die lang vergessenen Bilder deiner Heimat und die Stimmen von lang Verstorbenen dir unheimlich nahe und gegenwärtig sind.

Der Schlaf ist eine der köstlichsten Gaben der Natur, ein Freund und Hort, ein Zauberer und leiser Tröster, und jeder tut mir in der Seele leid, der die Qual lang dauernder Schlaflosigkeit kennt, der gelernt hat, sich mit halben Stunden eines fiebrigen

Eindämmerns zu begnügen. Aber ich könnte einen Menschen nicht lieben, von dem ich wüsste, dass er in seinem Leben keine schlaflose Nacht gehabt hat, er müsste denn ein Naturkind von naivster Seele sein.

In unsrem raschen, betäubenden Leben gibt es erschreckend wenig Stunden, in denen die Seele ihrer bewusst werden kann, in denen das Leben der Sinne und das des Geistes zurücktritt und die Seele unverhüllt dem Spiegel der Erinnerung und des Gewissens gegenübersteht. Das geschieht vielleicht beim Erleben eines großen Schmerzes, vielleicht am Sarg einer Mutter, vielleicht auf einem Krankenbett, vielleicht auch am Ende einer längeren einsamen Reise in den ersten Stunden des Wiederdaseins, aber immer geschieht es unter Störungen und Trübungen. Hier liegt der Wert solcher wacher Nächte. In diesen allein vermag die Seele ohne gewaltsame äußere Erschütterungen zu ihrem Recht zu kommen, es sei zum Erstaunen oder zum Erschrecken, zum Richten oder zum Trauern. Das Gemütsleben, das wir tagsüber führen, ist nie so rein; die Sinne leben heftig mit, der Verstand drängt sich vor, indem er den Regungen des Gefühls die Stimme des Urteils, den feinen Reiz des Vergleichens und den feinen, zersetzenden des Witzes beimischt. Die Seele, halb schlummernd, lässt es geschehen und lebt in dieser Abhängigkeit und Unterdrückung tage- und monatelang ein halbes Leben hin, bis ihre Stunde da ist, bis sie in einer bangen, schlaflosen Nacht die Fessel abstreift und uns mit der ganzen ungebrochenen Fülle ihres eigenwilligen Lebens überrascht oder entsetzt. Es ist uns heilsam, zuzeiten wahrzunehmen, dass unser Leben nicht nur Form ist, dass wir eine Macht in uns tragen, welche von allem Äußeren unverändert bleibt und unbestechlich ist, dass Stimmen in uns reden, über welche wir keine Herrschaft haben. Wer wahrhaftig ist und irgendeine Art von Glauben hat, der beugt sich diesen Stimmen gern und geht aus solchen Stunden mit vertieftem Blick hervor.

Ich möchte auch von der Schlaflosigkeit als Krankheit noch ein Wort sagen, obwohl es vielleicht überflüssig ist, denn die

Hier liegt der Wert solcher wacher Nächte. In diesen allein vermag die Seele ohne gewaltsame äußere Erschütterungen zu ihrem Recht zu kommen, es sei zum Erstaunen oder zum Erschrecken, zum Richten oder zum Trauern.

Schlaflosen alle wissen wohl, was ich sagen will. Doch lesen sie vielleicht gerne etwas ausgesprochen, was ihnen bekannt, aber sonst kein Gegenstand des Redens ist. Ich meine die innere Erziehung, welche das Nichtschlafenkönnen geben kann. Jedes Kranksein und Wartenmüssen ist ja ein nicht misszuverstehender Lehrmeister. Doch ist die Schule aller nervösen Leiden besonders eindringlich. »Der muss viel gelitten haben«, sagt man von Menschen, die in Bewegung und Rede ein ungewöhnliches Maß von zurückhaltender Feinheit und zarter Schonung zeigen. Die Herrschaft über den eigenen Leib und über die eigenen Gedanken lehrt keine Schule so gut wie die der Schlaflosen. Zart anfassen und schonen kann nur einer, der dieses zarten Anfassens selber bedarf. Milde betrachten und liebevoll die Dinge abwägen, seelische Gründe sehen und alle Schwächen des Menschlichen gütig verstehen kann nur einer, der oftmals in der unerbittlichen Stille einsamer Stunden seinen eigenen ungehemmten Gedanken preisgegeben war. Die Menschen sind im Leben nicht schwer zu erkennen, welche viele Nächte mit wachen Augen stillgelegen sind.

Noch einen erzieherischen Wert der Schlaflosigkeit möchte ich anführen, der freilich in anderem Zusammenhang genauer betrachtet zu werden verdiente. Die Schlaflosigkeit ist eine Schule der Ehrfurcht – der Ehrfurcht vor allen Dingen, jener Ehrfurcht, die über das bescheidenste Leben den Duft einer fortwährend erhöhten Stimmung gießen kann, derselben Ehrfurcht, welche die oberste Bedingung der dichterischen und künstlerischen Größe ist.

Man denke sich einen Schlaflosen in seinem Bette liegen. Die Stunden rinnen still und schrecklich langsam ab, zwischen einem und dem nächsten Stundenschlag liegt eine breite, schwarze Kluft von unerträglicher Endlosigkeit. – Wie oft haben wir das Laufen einer Maus, das Rollen eines Wagens gehört, den Takt einer Uhr, das Geräusch eines Brunnens, den Laut des Windes, das Knarren der Möbel! Wir hörten sie, ohne ihrer zu achten.

Jetzt aber, in dieser Einsamkeit und Totenstille, klammern wir uns sehnsüchtig an jeden vorbeistreifenden Hauch von Leben. Der rollende Wagen beschäftigt uns lebhaft, wir schätzen seine Schwere und Bauart, die Müdigkeit oder Kraft seiner Pferde, wir suchen die Straße zu erraten, in welcher er fährt, und die nächste, in die er einbiegt. Oder ein laufender Brunnen! Wir hören ihn dankbar wie eine sanfte Musik, wie ein Kranker dem Plaudern eines Freundes lauscht, der ihn besucht und der einen Duft von Gesundheit und einen Schimmer von Leben draußen in seine Einsamkeit hereinträgt. Wir hören den Fall des Wasserstrahls in das gefüllte Becken, das sanftere und ungleichmäßigere Ablaufen des Troges. Wir versuchen einen Rhythmus in dem stetigen Rauschen zu hören, wir summen leis im Takte mit, verstummen wieder und hören ihn allein fortsingen. Wir denken träumend weiter dem ablaufenden Wasser nach, durch Bach und Strom ans Meer und an die Wiege des ewigen Werdens, Strebens und Neuwerdens zurück. Darüber beginnt das Gewebe der Seele, der halben Gedanken, unser Leben streckt sich vor uns aus, Beziehungen und Gesetze liegen plötzlich in Erlebtem klar, das uns bisher unerklärt und verworren erschien.

Diesen Weg vom Lauschen auf einen Brunnen bis zum Bewundern der Folgerichtigkeit alles Geschehens und zur Ehrfurcht vor dem verschleierten letzten Geheimnis des Lebens legen wir nie so geduldig, aufmerksam und ernst zurück wie in diesen Nachtstunden.

In dieser Weise haben gewiss schon alle Schlaflosen aus der Not eine Tugend gemacht. Ich wünsche ihnen in ihrem Leiden Geduld und, wo es sein kann, Heilung. Allen Leichtfertigen, obenhin Lebenden und mit Gesundheit Prahlenden aber wünsche ich je und je eine Nacht, in der sie ohne Schlummer liegen und dem vorwurfsvollen Hervortreten ihres inneren Lebens stillhalten müssen.

Hermann Hesse

VON
Traum-
FÄNGERN

Der Mann im Mond

Der Mann im Mond hängt bunte Träume,
Die seine Mondfrau spinnt aus Licht,
Allnächtlich in die Abendbäume,
Mit einem Lächeln im Gesicht.

Da gibt es gelbe, rote, grüne
Und Träume ganz in Himmelblau.
Mit Gold durchwirkte, zarte, kühne,
Für Bub und Mädel, Mann und Frau.

Auch Träume, die auf Reisen führen
In Fernen, abenteuerlich.
– Da hängen sie an Silberschnüren!
Und einer davon ist für dich.

Mascha Kaléko

Der Trafikant

IN DIESER NACHT TRÄUMTE FRANZ von seinem seligen Vater, einem Waldarbeiter aus Bad Goisern, den er nie kennengelernt hatte, da er nur wenige Tage vor seiner Geburt von einer morschen Stieleiche erschlagen worden war, und der angeblich zu Lebzeiten kaum mehr gesprochen hatte als im Tode. Im Traum gingen sie zwischen stillen Feldern einen Weg entlang. Franz war noch klein und hatte Staub in den Haaren. Hoch über ihnen glühte die Sonne, und der Vater verschmolz mit seinem eigenen Schatten. Sie kamen zum großen Amt und betraten die marmorglänzende Eingangshalle. In der Mitte saß ein dicker Mann und stempelte in rasender Geschwindigkeit seine Schreibtischunterlage ab. Schnell reihte sich eine Menschenschlange vor ihm auf, jeder wollte einen Stempel, doch der Dicke hörte nicht auf das Bitten und Flehen. Immer wieder ließ er den Stempel auf seine Unterlage hinuntersausen. Die Schläge hallten wie Kanonenschüsse durch den Raum, während ein goldenes Horn laut und scheppernd große Zeiten ankündigte. Der Vater nahm Franz an der Hand und versuchte sich in die Menschenschlange zu drängeln. Er hatte Angst, seine Hand war trocken und rau wie ein Stück Holz. Verzeihung, sagte er immer wieder, mehr zu sich selbst als zu den Leuten, Verzeihung, Verzeihung, Verzeihung. Genau!, sagte der dicke Postbeamte triumphierend, und stieß dem Vater seinen Stempel auf die Stirn: ZUKUNFT stand drauf, und zwischen den Buchstaben lief in dünnen Spuren das Blut hinunter. Franz erwachte schweißüberströmt und mit einem seltsamen Flimmern hinterm Herzen. Noch während des halbbetäubten Heraustrudelns aus dem Schlaf schrieb er seinen Traum auf ein Blatt Papier:

Ein Spaziergang mit dem Vater, die Sonne brennt,
und wir gehen ins große Amt, wo ein dicker Mann
herumstempelt, der Vater drängelt und entschuldigt sich
dafür, das goldene Hörn plärrt, und der Dicke stempelt
dem Vater das Wort ZUKUNFT mitsamt einer
Platzwunde aufs Hirn.

Den ganzen Vormittag hatte er den Zettel vor sich auf der Verkaufstheke liegen und bemühte sich, nicht beständig darauf zu starren. Dieser dicke Mann war doch irgendwie armselig, dachte er bei sich, trotz seiner insgesamt recht imposanten Erscheinung. Armselig und auch ein bisschen einsam in seiner eingebildeten Großartigkeit, und noch dazu gefangen im Traum eines ihm völlig unbekannten Trafikantenlehrlings. Man müsste in die Köpfe der Leute hineinschauen können, dachte er, aber nur während des Schlafes. Tagsüber wollte man ja eigentlich gar nicht wissen, was vorgeht in den Leuten, außerdem war von so einem durchschnittlichen Kopfinhalt ohnehin nicht übermäßig viel zu erwarten. In der Nacht aber, dachte er weiter, in den stillen, dunklen Stunden, sähe die Sache schon anders aus. Da stünde einem die eigene Vorsicht nicht mehr im Weg, und alle Ängste, Begehrlichkeiten und Spinnereien könnten ungehemmt durchs Hirn geistern. Franz hätte gerne mit jemandem über seine Träume gesprochen, am liebsten mit Anezka, zur Not auch mit dem Professor oder mit Otto Trsnjek oder wenigstens mit irgendeinem Kunden. Aber bis nach Mittag betraten nur zwei Menschen die Trafik: Frau Veithammer, die sich die neue Ausgabe der *Illustrierten Wochenpost* holte und sich bei der Gelegenheit gleich über ihren unlängst verstorbenen Gatten beschwerte, der nicht einmal im Grab etwas Gescheites zusammenbrächte, da die Blumen über ihm schon zu verwelken begännen, bevor sie überhaupt richtig zu blühen begonnen hätten, sowie ein kleines Mädchen, das nach einem mittelweichen Bleistift fragte und mit seinen winzigen Fingern die Groschen einzeln in Franz' Hand hineinzählte. Von beiden war natürlich in Bezug auf Trauminhalte nichts Erhellendes oder sonst irgendwie Brauchbares zu erwarten. Aber vielleicht, dachte Franz, kommt es ja gar nicht drauf an, sich über Träume und deren möglichen Sinn oder wahrscheinlichen Unsinn auszutauschen, vielleicht geht es einzig und alleine darum, die Träume vollkommen erwartungslos mitzuteilen, sie praktisch wie im Lichtspielhaus einfach vom Kopfinneren auf die leere Leinwand der Außenwelt zu projizieren und damit im zufällig vorbeikommenden oder absichtsvoll herantretenden Betrachter irgendetwas zu wecken, mit ein bisschen Glück sogar etwas von Belang, Bedeutung oder Dauerhaftigkeit. Er atmete schwer aus und ließ sich in den Sessel zurücksinken. Das Herumtappen in derartig fremden und dunklen Gedankengängen erschöpfte ihn. Sein Blick fiel durch die Auslage auf die gegenüberliegende Häuserreihe. Eines der Fenster war fast vollständig mit Grünpflanzen zugewachsen, in der Schummrigkeit dahinter bewegte sich das weiße Unterhemd eines hin- und hergehenden Mannes. Franz seufzte. Er musste an den Wald denken, an das beruhigende Rauschen der Bäume und an das Vogelgezwitscher, das trotz seiner lärmenden Allgegenwärtigkeit die Waldesruhe niemals zu stören schien. An der Auslagenscheibe klebte in Blickhöhe ein grünlicher Vogelscheißebatzen. Stadtvögel zwitschern nicht, sondern schreien, dachte er missmutig. Außerdem scheißen sie einem auf den Hut und auf die Auslage und legen sich zum Sterben in irgendeine Dachbodennische, wo sie nichts weiter hinterlassen als ihre verstaubten Gerippe, ein paar Federn und ein bisschen Gestank. Er seufzte noch einmal, tiefer sogar noch als beim ersten Mal, und fast gleichzeitig mit dem Seufzer kam ihm eine Idee: Er holte etwas Klebeband aus der Schublade, nahm den Zettel mit seinem Traum, schrieb ins rechte obere Eck das Datum, ging damit auf die Straße hinaus und klebte ihn direkt über den Scheißebatzen an die Scheibe. Er trat einen Schritt zurück und betrachtete das kleine Traumplakat. Dann schloss er die Augen und atmete tief die frühlingshafte Wienerluft ein. Für einen winzigen Moment flackerte das Wort ZUKUNFT rosig und hell wie eine Prater-Leuchtschrift hinter seinen Lidern auf. Da knatterte auf der Straße hinter ihm ein mit Eisblöcken beladener Lieferwagen der Vereinigten Wiener Eisfabriken vorbei, und er ging in die Trafik zurück.

Die ersten Menschen, die der aufgeklebten Absonderlichkeit an der Auslage der Trsnjek-Trafik nähere Beachtung schenkten, waren drei Rentnerinnen, die ihre runzligen, wie aus Wurzelholz geschnitzten Gesichter so nah wie möglich an den Zettel heranreckten. Franz, der reglos im Schatten der Verkaufstheke saß, beobachtete, wie sie die Augen zukniffen, bis diese beinahe gänzlich in ihren Faltennestern verschwanden, und wie sich ihre welken Lippen im stummen Chor bewegten, um die Worte zu entziffern. Keine der drei schien auch nur das Geringste zu verstehen. Eine Weile standen sie mit offenen, zahnlosen Mündern da, dann trippelten sie davon. Als Nächstes blieben zwei Mädchen in hellen Mänteln vor der Auslage stehen. Nachdem sie den Zettel gelesen hatten, legten sie ihre Hände wie kleine Dächer über die Augen, lehnten ihre Köpfe gegen die Scheibe und schauten in den Verkaufsraum hinein. Als sie Franz sahen, liefen sie kichernd davon. Noch während er zusah, wie sich ihre beiden Atemhauchflecken an der Scheibe auflösten, kam schon der nächste Passant heran: ein Arbeiter mit ölverschmiertem Gesicht und einer schiefen Selbstgedrehten im Mundwinkel. Mit gerunzelter Stirn überflog er die Worte, überlegte kurz, betrat dann die Trafik und baute sich vor der Verkaufstheke auf. Was denn das solle, wollte er wissen, die Sache mit der komischen Schmiererei auf dem Zettel da draußen.

Ein Traum, sagte Franz,
nichts weiter als ein Traum.

Gar nichts, sagte Franz, zumindest nichts Besonderes.

Das könne er sich nicht so richtig vorstellen, meinte der Arbeiter, weil irgendein völlig unbedeutendes Geschreibsel klebe man ja nicht einfach so an die Auslagenscheibe, nur weil einem fad oder langweilig oder beides auf einmal sei.

Das möge zwar sein, sagte Franz, aber was für den einen bedeutsam sei, das sei für den anderen vielleicht eher uninteressant bis nutzlos.

Der Arbeiter starrte auf seine Schuhspitzen und ließ seine Selbstgedrehte nachdenklich in den anderen Mundwinkel hinüberwandern. Ob ihn der junge Trafikant für einen Trottel halte, fragte er leise, einen, der selber nicht entscheiden könne, was für ihn nutzlos oder bedeutsam sei.

Das sei natürlich überhaupt nicht so gemeint gewesen, antwortete Franz wahrheitsgemäß, die Trotteln säßen heutzutage anderswo.

Wo denn, wollte der Arbeiter wissen.

Eigentlich überall, meinte Franz, nur nicht hier in der Trafik.

Der Arbeiter nickte. Da könne der junge Herr Trafikant vielleicht recht haben, meinte er, trotzdem wolle er jetzt endlich wissen, was es, Herrgottsakrament, mit diesem Zettel auf sich habe.

Ein Traum, sagte Franz, nichts weiter als ein Traum.

Von der Selbstgedrehten löste sich ein Ascheflöckchen und trudelte langsam auf die Dielen hinunter.

Wenn das alles sei, meinte der Arbeiter enttäuscht, dann sei es tatsächlich eher nutzlos, zumindest was ihn persönlich betreffe.

Genau das habe er ja gesagt, antwortete Franz, allerdings werde sich eine eventuelle Nutzlosigkeit erst noch herausstellen. Denn vielleicht, fuhr er fort, vielleicht könne so ein wildfremder, an eine Auslage geklebter Traumzettel irgendwann doch bei einem zufällig vorbeikommenden Betrachter etwas bewirken oder bewegen, man wisse nie.

Ja, sagte der Arbeiter mit einem müden Seufzer, man wisse wirklich nie. Ob er aber jetzt erst einmal eine Packung Orient-

Tabak, zwei Schachteln Zündhölzer und das *Sport-Blatt* mitnehmen könne?

Aber selbstverständlich könne er das, sagte Franz, dafür sei so eine Trafik schließlich da.

Von da an klebte Franz jeden Tag einen neuen Zettel neben die Tür. Jeden Morgen, schon vor der Ladenöffnungszeit, trat er im Schlafanzug und mit wirrer Bettfrisur auf die Straße hinaus und klebte einen frisch geträumten Traum an die nachtkühle Auslagenscheibe. Und das blieb nicht unbemerkt. Noch waren die Neugier und die Vergesslichkeit der Menschen stärker als ihre Angst, und die Trafik, die bis vor Kurzem »Zärtliche Magazine« an Juden und Kommunisten verkauft hatte, war jetzt eben die Trafik mit den merkwürdigen, kleinen Geschichten an der Scheibe. Wer vorbeikam und den Zettel entdeckte, der blieb auch stehen, um ihn zu lesen. Die meisten starrten kurz und ausdruckslos darauf und gingen dann weiter. Manche empörten sich wortlos, indem sie angewiderte Gesichter aufsetzten. Andere wiederum schüttelten die Köpfe und riefen ein paar Beschimpfungen gegen die Eingangstür. Hin und wieder jedoch konnte Franz beobachten, wie jemand beim Lesen ein wenig nachdenklich wurde und diese kleine Nachdenklichkeit still mit sich davontrug. Die Leute lasen zum Beispiel:

> *9. April 1938*
> *Ein Lied wird gesungen, es geht um die Liebe, aber die Melodie eiert vor sich hin, jemand lacht und springt gleich danach von der Votivkirche, aber die Erde ist ja weich, und die Blumen blühen in allen Farben, niemand hat den toten Mann gesehen, und ein Kranich zieht ein Kreuz über den Himmel.*

Oder:

12. April 1938
Ich stehe mit der Mutter am See, ein Dampfer kommt auf uns zu, ich habe Angst, aber die Mutter nimmt mich an der Hand: ES IST GUT, DU BIST JA MEIN KIND, doch der Dampfer fährt einfach weiter, der See schwankt, die Mutter ist weg, und der Dampfer kracht in das Herz hinein.

Oder:

15. April 1938
Im Prater geht ein Mädchen, es steigt ins Riesenrad, überall blitzen Hakenkreuze, das Mädchen steigt immer höher, plötzlich brechen die Wurzeln, und das Riesenrad rollt über die Stadt und walzt alles nieder, das Mädchen juchzt, und sein Kleid ist leicht und weiß wie ein Wolkenfetzen.

Den Zettel mit dem Wolkenfetzenkleid fand insbesondere Frau Dr. Dr. Heinzl bemerkenswert, die ihre Wege von der anderen Straßenseite wieder herüberverlegt hatte. Lange stand sie mit gekräuselter Stirn vor der Auslagenscheibe und las den Abschnitt mehrmals hintereinander. Irgendwie fühlte sie sich vielleicht an irgendwas erinnert, unmöglich zu sagen an was. Doch sehr unangenehm kann es nicht gewesen sein, denn als sie schließlich mit leicht gesenktem Kopf in Richtung Schwarzspanierstraße davonging, lachte sie aufs Straßenpflaster hinunter, ein kleines, heiles Lachen, wie ein fallengelassenes Schmuckstück.

Robert Seethaler

Man vergisst nicht, wie man schwimmt

WO WAR ICH?

Ich fühlte mich leicht. Das war das Erste, was ich wahrnahm. Wie leicht hier alles war.

Orientierungslos drehte ich mich um die eigene Achse. Um mich war nichts als Grün. Eine unwirklich schattierte satte Wildnis. Wuchernde Äste, von denen Lianen hingen, dick wie Taue. Buschige mannshohe Farne und segelgroße Blätter, die von Zweigen und Stängeln sprossen, streiften meine Arme und Unterschenkel. In das Grün waren Blüten gemischt, die in allen Regenbogenfarben zu explodieren schienen wie Raketen an Silvester. Keine von ihnen würde jemals verwelken, das wusste ich. Eine Farbenpracht, als hätte man mitten im Feuerwerk den Pause-Knopf gedrückt. Das Gestrüpp war so dicht, dass ich keinen halben Meter durch die ineinander verwobenen Stauden sehen konnte.

Ich blickte an mir herab. Ich war barfuß. An meinen Fersen und Zehen spürte ich den weichen Waldboden, der bedeckt war mit kitzelnden Tannennadeln und kühlerem Moos. Ich trug meine kurze Hose, dazu meine beiden T-Shirts, das enge und das weite übereinander, auch wenn dies, das war mir klar, an diesem Ort hier überhaupt nicht nötig war.

Obwohl ich nicht ausmachen konnte, wo genau ich mich befand, war mir nicht unwohl und war ich nicht eingeschüchtert an diesem Ort, sondern selbstsicher. Es wird das Beste sein, wenn ich mich bewege, dachte ich.

Sobald ich den ersten Schritt machte, öffnete sich die dichte Gewächswand vor mir wie von Zauberhand. Die Pflanzen glitten auseinander, nur um sich direkt hinter mir wieder zu schließen wie eine heilende Wunde. Ich wanderte umher, unmöglich zu sagen, wie lange. Ich hatte die Casio angelegt, doch schaffte ich es nicht, die sich schwarz von der leuchtenden Anzeige abhebenden Zahlen als Uhrzeit zu verstehen. Es war gleichgültig. Zeit spielte hier keine Rolle. Hier war alles jetzt.

Ich sprang über seichte Rinnsale, duckte mich unter dornigen Ranken hindurch und kletterte über Stümpfe, einen Fuß vor den anderen setzend, bis ein Geräusch mich aufhorchen ließ.

Ganz in der Nähe krachte es. Ruhig blieb ich stehen. In meinem Rücken brach etwas durch das Unterholz. Kreischende Papageien und Tukane flatterten in Schwärmen aus den Wipfeln. Etwas Großes, Mächtiges walzte durch den Forst auf mich zu und ließ Baumstämme umknicken wie Streichhölzer. Mir war bewusst, dass dieses Etwas mich nicht kriegen durfte. Und mir war ebenso bewusst, dass dieses Etwas mich auch nicht kriegen *würde*. Denn wenn es mich erwischte, musste ich weg von diesem Ort.

Neben mir war abrupt eine Leiter aufgetaucht. Geschmeidig kletterte ich die abgenutzten Sprossen nach oben und verharrte etwa auf halber Höhe. Über mir führte die Leiter weiter durch die Baumkronen. Unter mir jagte, dass die Bäume splitterten und die Sträucher auseinanderflogen, das Etwas hindurch. Eine überdimensionale Schlange. Sie hatte keinen Kopf und keinen Schwanz. Das Tier war ein einziger Torso, dunkel und seltsam viereckig in die Länge gezogen. Es bewegte sich kantig. Wie ferngesteuert, in Neunziggradwinkeln umkurvte mich die Schlange, die, die Pflanzen schluckend, zerdrückend und zerstörend, immer länger zu werden schien. Dann berührte das Wesen die Leiter. Die Schlange fror für einen Moment ein. Elektrisch blinkte sie auf. Und sie war weg.

Ich war die Leiter hochgeklettert und hatte mich durch eine schmale Luke nach oben gezogen. Nun befand ich mich auf einer gigantischen Plattform, die über den Baumkronen lag und die eben, planiert und sandig war. Am Ende dieses Steppenareals war, mit Masten, Streben und Seilen, etwas aufgebaut worden. Ich erkannte ein Zirkuszelt, das sich strahlend aus der Einöde erhob. Die gelb-roten Streifen der Zeltplane leuchteten, die Fahnen, die auf einem Gestänge über der Kuppel angebracht waren, wehten imposant im warmen Sommerwind. Ich versuchte zu lesen, was auf den gehissten Flaggen geschrieben stand, doch sosehr ich mich auch konzentrierte, die Buchstaben zu entziffern, die aufgedruckten Worte verschmierten vor meinen Augen und verschwammen wabernd wie ein überhitztes Dia, ohne dass ich ihren Sinn hätte erfassen können. Es war mir gleichgültig. Ich hatte das dort Geschriebene schließlich schon einmal gelesen, und das war genug.

Etwas an diesem Zelt zog mich an. Den Weg bis dahin würde ich spielend bewältigen können. Ich marschierte los und kam schnell vorwärts.

Zu meiner Linken war eine improvisierte Siedlung mit Wohnwagen und Stallungen, zu meiner Rechten eine heruntergekommene Spelunke, deren Aufgang Zitronen- und Kirschbäume rahmten.

Ich ging vorbei.

Ich durchschritt eine mit einer niedrigen Mauer umrandete ausgedörrte Parkanlage, die ich als verfallenen Friedhof identifizierte. Behauene Steinplatten markierten staubige Gräber, die nun meinen Pfad flankierten. Die Inschriften der Grabsteine, unter die Abbilder eines Falters geschlagen waren, waren überwuchert. Ich kniete mich vor das erste der Gräber, hob einen Kiesel von der Erde, begann, die Gravur freizukratzen, und tat dies dann ebenso bei den anderen Grabstätten.

Ich würde mir auch wünschen, dass das jemand für mich macht, dachte ich.

Als ich fertig war und die Prägungen freigelegt hatte, trat ich zurück. Zwar verstand ich, dass ich auf Buchstaben blickte, doch erneut verschwamm mein Sichtfeld, sobald ich lesen wollte, was dort eingraviert worden war. Es war nicht wichtig. Die hier Ruhenden kannte ich wohl nicht.

Ich drehte den Kopf, weil ich gehört hatte, wie Pranken über den staubigen Untergrund wetzten.

Mein Weg wurde von einem Panther gekreuzt. Aggressiv spannte das Tier die Muskeln an, in seinem fauchenden Maul blitzten die tödlichen Reißzähne. Seine gierigen Augen fixierten meine Kehle. Furchtlos trat ich auf den Panther zu, dem mein Selbstbewusstsein zu imponieren schien. Seine Aggressivität schlug um in Zutraulichkeit. Mit jedem Schritt, den ich machte, wurde die Raubkatze entspannter.

Mit seiner Stirn schmiegte sich der Panther gegen meine geschlossene Faust, als ich an ihm vorbei in das Zirkuszelt trat.

Die Ränge und Reihen waren leer. Niemand saß auf der Tribüne, in deren Mitte die Manege lag, niemand hatte am Eingang gestanden, hatte Tickets kontrolliert, niemand verteilte Flyer oder verkaufte Popcorn und Softdrinks. Außer mir war nur eine einzige Person in der Arena, die überspannt war von der nachtblauen Kuppel mit den aufgeklebten gelben Sternen.

Die alte Steinmetzin Berger lehnte in ihrem schwarz-weiß gemusterten wallenden Kleid auf einem Stock, den Blick auf einen großen Steinquader gerichtet.

»Da bist du ja wieder«, sagte sie mit knorriger Stimme, ohne dass sie sich zu mir umgedreht hätte. »Du weißt, dass du träumst, nicht wahr?«

Ich nickte. Ich wusste, dass ich träumte.

»Gut«, sagte die Steinmetzin. Der eben noch unbehauene Steinquader war transformiert. Nun stand dort eine grobe Figur, die die Umrisse eines Menschen erkennen ließ. Offenbar hatte ich begonnen, eine Statue aus dem Stein zu schlagen. Ich hatte mit einem Mal einen Hammer und einen Meißel in der Hand. Ich schlug und brach Stücke aus dem Block, schuf Konturen von sehnigen Gliedern, die immer deutlicher Form annahmen. Mit Schleifpapier schmirgelte ich Unebenheiten ab, bis ich mit dem Ergebnis zufrieden war.

Vor mir war das Abbild eines jungen Mannes entstanden. Die Haare kurz geschoren, etwas größer als ich, komplett durchtrainiert, mit einem kantigeren, männlicheren Gesicht als meines. Mir gefiel, was ich sah. Zur finalen Kontrolle fuhr ich mit den Fingerspitzen über seinen nackten Oberkörper. Glatt und perfekt. Jemand klatschte. Anna, Ayla und Dave saßen im Zuschauerbereich auf der Tribüne, die jetzt eine Treppe geworden war, und applaudierten mir frenetisch zu. Ganz oben, auf der obersten Stufe, stand Viktor.

Mir fiel unser Streit ein. Sein Verrat. Und doch hätte ich gerne mit ihm gesprochen.

Warum pfeift Vik denn nicht?, dachte ich. Ein Pfiff, der *Komm her!* hieß. Ein Pfiff wie eine ausgestreckte Hand. Das wäre schon genug. Doch Viktor schien nicht imstande, sich zu bewegen. Die Verletzung, die ihm mein Schlag zugefügt hatte, war nicht mehr zu sehen. Trauer stand meinem Freund im Gesicht, und ich hatte urplötzlich die Gewissheit, dass hinter ihm, in den zackigen Schatten, Nikolai und sein Vater warteten, die Pistole, mit dem Finger am Abzug, auf seinen Hinterkopf gerichtet.

Nun wollte ich etwas rufen, doch bevor ich einen Ton herausbringen konnte, schwang die Steinmetzin ihren Stab, dass die Späne in einem Wirbel vom Manegenboden flogen. Als das

Ich nickte.
Ich wusste,
dass ich träumte.

Gestöber sich gelegt hatte, waren Anna, Ayla, Dave und Viktor verschwunden, und die Steinmetzin betrachtete die von mir gehauene Statue.

»Wer soll das sein?«, fragte die alte Frau.

»Ich«, sagte ich. »Ich soll das sein.«

Die Steinmetzin schüttelte den Kopf. »Das bist du nicht. Die Figur hat nicht deine Geschichte.«

Dass sie widersprach, überraschte mich. Ich wusste nicht, was ich erwartet hatte, das sie sagen würde, Widerworte jedoch nicht.

Erneut schwang die Steinmetzin ihren Stab, drehte sich in einer Pirouette, dass ihr Kleid mitflog, bevor sie ihren Stock tief in den Untergrund stieß, dass die Erde erzitterte, als hätten sich tektonische Platten verschoben.

Die Wucht dieses Stoßes ließ mich zurückspringen. In der Mitte der Arena, an der Stelle, in die die alte Frau die Stabspitze gerammt hatte, öffnete sich ein klaffender Riss. Ein tiefer Graben, in den die von mir geschaffene Statue taumelnd hinabstürzte, ohne dass ich eine Chance gehabt hätte, sie zu fassen zu bekommen. Auf dem Grund zerschlug die Skulptur jetzt in tausend Teile.

Der Graben teilte die Manege in zwei Hälften. Auf der einen Seite des Schlundes stand ich.

»Und?«, rief jemand von der anderen Seite des Grabens zu mir herüber. »Was ist denn nun deine Geschichte?« Es war Jacky. »Sag!«, rief sie. »Erzähl es mir. Warum schwimmst du nicht mehr? Warum nennen dich alle Krüger? Warum darfst du dich nicht verlieben? Was ist dir passiert?«

Die Steinmetzin war verschwunden. Der Graben hatte sich unterdessen mit Wasser gefüllt. Ein breiter Fluss schlängelte sich durch das Zirkuszelt, trennte Jacky, die am gegenüberliegenden Ufer stand, und mich, und ich wusste, dass es für mich keine Möglichkeit geben würde, das Gewässer zu überqueren und zu ihr zu gelangen. Es gab keine Brücke, nichts, was ich als Floß zum Übersetzen hätte nutzen können. Für einen Sprung war es zu weit. Selbst hier. Und wie man schwimmt, hatte ich längst vergessen.

Ich trat näher an das Wasser heran. Über den Strom hinweg blickte Jacky erwartungsvoll zu mir. Obwohl ich ihr Gesicht nicht erkennen konnte, wusste ich, dass sie es war. Feuerrote Haare umrahmten etwas, das ihr Gesicht sein musste. Doch wo ihre wasserblauen Augen, ihre sommersprossengesprenkelten Wangen hätten sein müssen, sah ich nur einen blinden Fleck. Als hätte jemand allen Kontrast aus den Konturen gezogen. Jetzt bemerkte ich, dass auch die Farbe ihres Haars Sekunde um Sekunde an Intensität zu verlieren schien. Das Feuerrot flammte immer weniger und drohte, nach und nach abzustumpfen und zu erlöschen. Wie eine alte Fotografie begann Jacky langsam zu verblassen.

»Warum darfst du dich nicht verlieben, Krüger?«, rief sie wieder. »Was ist deine Geschichte? Was ist dir passiert?«

Ich hatte nun mein Notizbuch in der Hand. Bedächtig fuhr ich über die zerfledderten Seiten und den abgewetzten Einband, bevor ich das Gummiband, das das Buch umspannte, abzog.

In dieser Welt konnte ich Jacky alles erzählen. In dieser Welt würde sie mich nicht verachten oder auslachen, dafür, wie ich war. In dieser Welt würde Jacky mich lieben können. Und ich sie.

Mir war bewusst, dass ich mich beeilen musste.

Ich schlug mein Notizbuch auf und wollte zu lesen beginnen. Ich wusste, was da stehen musste. Meine Geschichte. Die einzige Geschichte, die ich über mich geschrieben hatte. Doch als wären die Sätze mit Tusche zu Papier gebracht und als hätte man die Seiten angehoben, bevor die Tusche hatte trocknen können, zerfloss der Text vor meinen Augen. Von meiner Geschichte war nichts übrig außer verwischten schwarzen, nassen Striemen. Ich konnte nicht vorlesen.

Verwirrt stammelte ich irgendwas und schaute auf. Jacky war jetzt nur noch ein zartes Schimmern, farblos und matt, wo vorher nichts als Leuchten gewesen war.

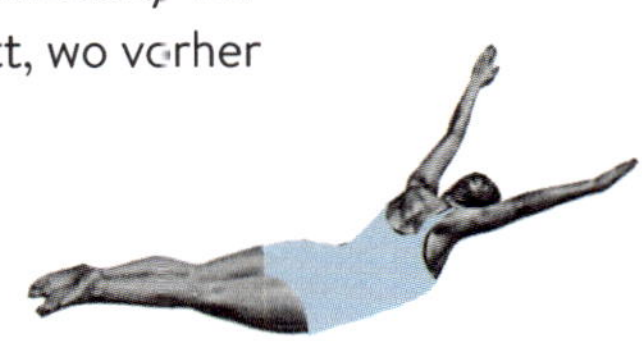

Sie verschwand. »Mach es gut«, rief sie noch. »Vergiss mich nicht, wenn es für dich geht.« Dann war sie weg.

Jacky war weg. Ohne, dass ich ihr alles hatte sagen können. Dass ich sie vermisste. Was sie für mich war. Was ich für sie empfand. Und ich hatte ihr nicht sagen können, wer ich war. Ich habe meine Zeit vertan, dachte ich. Doch ich träume. Ich träume nur, dachte ich. Ich weiß, dass ich träume.

Und wenn man weiß, dass man träumt, kann man … aufwachen.

PLÖTZLICH WAR ICH WACH.

Ich drehte mich weg von der Raufasertapete, von der Mauer meines Zimmers, an die mein Bett geschoben stand, und blickte in der Düsternis mit hämmerndem Puls auf meine Armbanduhr. Keine halbe Stunde hatte ich im Dämmerschlaf dagelegen. Die Zeit war mit einem Fingerschnippen vergangen, doch es war noch nicht zu spät.

Ich setzte mich auf. Ich wusste nun, was ich tun musste. Ich durfte meine Zeit nicht mehr verschwenden. Ich musste zu Jacky!

Sie mochte mich. Wegen mir. So, wie ich war. Weil ich *ich* war.

Ich sprang in meine Klamotten, griff meinen Rucksack, packte mein BMX und rannte, zwei Stufen auf einmal nehmend, das Treppenhaus hinunter.

Christian Huber

Und wenn man weiß,
dass man träumt,
kann man … aufwachen.

Traumnovelle

DURCH DIE FINSTEREN MENSCHENLEEREN GASSEN eilte er nach Hause, und wenige Minuten später, nachdem er, wie vierundzwanzig Stunden vorher, schon in seinem Ordinationszimmer sich entkleidet hatte, so leise als möglich betrat er das eheliche Schlafgemach.

Er hörte den gleichmäßig-ruhigen Atem Albertinens und sah die Umrisse ihres Kopfes sich auf dem weichen Polster abzeichnen. Ein Gefühl von Zärtlichkeit, ja von Geborgenheit, wie er es nicht erwartet, durchdrang sein Herz. Und er nahm sich vor, ihr bald, vielleicht morgen schon, die Geschichte der vergangenen Nacht zu erzählen, doch so, als wäre alles, was er erlebt, ein Traum gewesen – und dann, erst wenn sie die ganze Nichtigkeit seiner Abenteuer gefühlt und erkannt hatte, wollte er ihr gestehen, dass sie Wirklichkeit gewesen waren. Wirklichkeit? fragte er sich – und gewahrte in diesem Augenblick, ganz nahe dem

Antlitz Albertines auf dem benachbarten, auf seinem Polster etwas Dunkles, Abgegrenztes, wie die umschatteten Linien eines menschlichen Gesichts. Einen Moment nur stand ihm das Herz still, im nächsten schon wusste er, woran er war, griff nach dem Polster hin und hielt die Maske in der Hand, die er während der vorigen Nacht getragen, die ihm, während er heute Morgen das Paket zusammengerollt, ohne dass er es bemerkt, entglitten, und von dem Stubenmädchen oder Albertine selbst gefunden sein mochte. So konnte er auch nicht daran zweifeln, dass Albertine nach diesem Fund mancherlei ahnte und vermutlich noch mehr und noch Schlimmeres, als sich tatsächlich ereignet hatte. Doch die Art, wie sie ihm das zu verstehen gab, ihr Einfall, die dunkle Larve neben sich auf das Polster hinzulegen, als hätte sie nun sein, des Gatten, ihr nun rätselhaft gewordenes Antlitz zu bedeuten, diese scherzhafte, fast übermütige Art, in der zugleich eine milde Warnung und die Bereitwilligkeit des Verzeihens ausgedrückt schien, gab Fridolin die sichere Hoffnung, dass sie, wohl in Erinnerung ihres eigenen Traums – was auch geschehen sein mochte, geneigt war, es nicht allzu schwer zu nehmen. Fridolin aber, mit einem Male am Ende seiner Kräfte, ließ die Maske zu Boden gleiten, schluchzte, sich selbst ganz unerwartet, laut und schmerzlich auf, sank neben dem Bette nieder und weinte leise in die Kissen hinein.

Nach wenigen Sekunden fühlte er eine weiche Hand über seine Haare streichen. Da erhob er sein Haupt, und aus der Tiefe seines Herzens entrang sich's ihm: »Ich will dir alles erzählen.«

Sie hob zuerst, wie in leiser Abwehr die Hand; er fasste sie, behielt sie in der seinen, sah wie fragend und zugleich bittend zu ihr auf, sie nickte ihm zu und er begann.

Der Morgen dämmerte grau durch die Vorhänge, als Fridolin zu Ende war. Nicht ein einziges Mal hatte ihn Albertine mit einer neugierigen oder ungeduldigen Frage unterbrochen. Sie fühlte wohl, dass er ihr nichts verschweigen wollte und konnte. Ruhig lag sie da, die Arme im Nacken verschlungen, und schwieg noch

»Und kein Traum«,
seufzte er leise,
»ist völlig Traum.«

lange, als Fridolin schon längst geendet hatte. Endlich – er lag an ihrer Seite hingestreckt – beugte er sich über sie, und in ihr regungsloses Antlitz mit den großen hellen Augen, in denen jetzt auch der Morgen aufzugehen schien, fragte er zweifelnd und hoffnungsvoll zugleich: »Was sollen wir tun, Albertine?«

Sie lächelte, und nach kurzem Zögern erwiderte sie: »Dem Schicksal dankbar sein, glaube ich, dass wir aus allen Abenteuern heil davongekommen sind – aus den wirklichen und aus den geträumten.«

»Weißt du das auch ganz gewiss?«, fragte er.

»So gewiss, als ich ahne, dass die Wirklichkeit einer Nacht, ja dass nicht einmal die eines ganzen Menschenlebens zugleich auch seine innerste Wahrheit bedeutet.«

»Und kein Traum«, seufzte er leise, »ist völlig Traum.«

Sie nahm seinen Kopf in beide Hände und bettete ihn innig an ihre Brust. »Nun sind wir wohl erwacht«, sagte sie – »für lange.«

Für immer, wollte er hinzufügen, aber noch ehe er die Worte ausgesprochen, legte sie ihm einen Finger auf die Lippen und, wie vor sich hin, flüsterte sie: »Niemals in die Zukunft fragen.«

So lagen sie beide schweigend, beide wohl auch ein wenig schlummernd und einander traumlos nah – bis es wie jeden Morgen um sieben Uhr an die Zimmertür klopfte und mit den gewohnten Geräuschen von der Straße her, einem sieghaften Lichtstrahl durch den Vorhangspalt und einem hellen Kinderlachen von nebenan der neue Tag begann.

Arthur Schnitzler

ALICE IM WUNDER-LAND

XII

ALICE DECKT DIE KARTEN AUF

»Zur Stelle!«, rief Alice und vergaß dabei in der Hitze des Gefechts ganz, wie groß sie inzwischen geworden war; sie sprang so eifrig auf, dass sie mit einem Rockzipfel die Schöffenbank umwarf und die Schöffen auf die ganze Versammlung herunterpurzelten.

»Oh, ich bitte um Verzeihung!«, rief sie in großer Bestürzung aus und sammelte die Schöffen wieder vom Boden auf, so schnell sie konnte.

»Der Prozess kann nicht fortgesetzt werden«, sagte der König mit tiefernster Stimme, »bevor nicht alle Schöffen wieder richtig auf ihrem Platz sind – *alle* Schöffen«, wiederholte er mit Nachdruck und sah Alice fest dabei an.

Alice blickte in die Schöffenbank und entdeckte, dass sie in der Eile die Eidechse mit dem Kopf nach unten zurückgesetzt hatte, wo das arme kleine Ding nun festgeklemmt war und bedrückt den Schwanz hin- und herschwenkte. Bald hatte sie es wieder befreit und richtig in die Bank gesetzt.

»Nicht, dass das irgendwelche Bedeutung hätte«, sagte sie sich dabei im Stillen, »denn für den Prozess wird es genau aufs Gleiche herauskommen, ob er auf dem Kopf steht oder nicht.«

Sobald sich die Schöffen von dem Schrecken ihres Umsturzes etwas erholt hatten, begannen sie sogleich, mit großer Emsigkeit einen Bericht über das Vorgefallene abzufassen – mit Ausnahme der Eidechse, die anscheinend so mitgenommen war, dass sie nur noch offenen Mundes zur Decke glotzen konnte.

»Was weißt du von dieser Angelegenheit?«, fragte der König Alice.

»Nichts«, sagte Alice.

»Nicht das *Geringste*?«, forschte der König weiter.

»Nicht das Geringste«, sagte Alice.

»Das ist sehr wichtig«, sagte der König, zu den Schöffen gewandt. Die wollten sich das gerade aufschreiben, als das Weiße Kaninchen einfiel: »Unwichtig meinen Euer Majestät natürlich«, sagte es sehr unterwürfig, doch runzelte es dabei die Stirn und schnitt allerlei Gesichter.

»*Un*wichtig meinte ich natürlich«, verbesserte sich der König rasch und murmelte dann halblaut vor sich hin: »Wichtig – unwichtig – unwichtig – wichtig –«, als wollte er ausprobieren, was von beiden besser klang.

Dann rief der König, der inzwischen etwas in sein Notizbuch geschrieben hatte, mit lauter Stimme: »Ruhe!«, und las dann aus dem Buch vor: »Vorschrift Nummer zweiundvierzig: *Alle über einen Kilometer großen Personen haben den Gerichtssaal zu verlassen.*«

Die ganze Versammlung sah Alice an.

»Ich bin aber keinen Kilometer groß«, sagte Alice.

»Doch«, sagte der König.

»Fast zwei Kilometer«, setzte die Königin hinzu.

»Nun, jedenfalls bleibe ich hier«, sagte Alice; »außerdem ist das gar keine richtige Vorschrift, sondern eben erst erfunden.«

»Es ist die älteste Vorschrift im ganzen Buch«, sagte der König.

»Dann müsste sie die Nummer eins haben«, sagte Alice.

Der König erbleichte und klappte schnell sein Notizbuch zu. »Wie lautet euer Urteil?«, fragte er die Schöffen mit leiser, bebender Stimme.

»Es liegt noch ein weiteres Beweisstück vor, mit Verlaub, Euer Majestät«, sagte das Weiße Kaninchen und sprang eilig auf; »eben ist dieses Schreiben gefunden worden.«

»Was steht darin?«, fragte die Königin.

»Ich habe es noch nicht geöffnet«, sagte das Weiße Kaninchen, »aber anscheinend ist es ein Brief, den der Angeklagte geschrieben hat, an – an irgendjemand.«

»So muss es gewesen sein«, sagte der König, »es sei denn, er hat ihn an niemanden geschrieben, und das ist meines Wissens nicht üblich.«

»An wen ist er adressiert?«, fragte ein Schöffe.

»Er hat keine Adresse«, sagte das Weiße Kaninchen; »außen ist er überhaupt ganz leer.« Dabei faltete es das Schreiben auf und setzte hinzu: »Nun ist es doch kein Brief, sondern vielmehr ein Gedicht.«

»In der Handschrift des Angeklagten?«, fragte ein zweiter Schöffe.

»Nein, eben nicht«, sagte das Weiße Kaninchen, »das ist ja gerade das Sonderbare.« (Die Schöffen schauten alle ratlos drein.)

»Er muss eine fremde Handschrift nachgeahmt haben«, sagte der König. (Die Schöffen waren alle erleichtert.)

»Mit Verlaub, Euer Majestät«, sagte der Herzbube, »ich habe

das nicht geschrieben und das kann mir auch keiner beweisen: Es steht ja keine Unterschrift darunter.«

»Dass du nicht unterschrieben hast«, sagte der König, »macht die Sache nur schlimmer. Du *musst* ja etwas im Schilde geführt haben, sonst hättest du deinen Namen daruntergesetzt wie ein ehrlicher Mensch.«

Alles klatschte Beifall: Es war das erste Mal an diesem Tag, dass der König etwas wirklich Kluges gesagt hatte.

»Damit ist seine Schuld bewiesen«, sagte die Königin.

»Gar nichts ist damit bewiesen!«, sagte Alice. »Ihr wisst ja noch nicht einmal, was darin steht!«

»Lies es vor«, sagte der König.

Das Weiße Kaninchen setzte sich die Brille auf.

»Womit soll ich den Anfang machen, mit Verlaub, Euer Majestät?«, fragte es.

»Mache den Anfang mit dem Anfang«, sagte der König ernst, »und lies weiter, bis du ans Ende kommst; dort höre auf.«

Und das Weiße Kaninchen las das folgende Gedicht vor:

Er schrieb, du warst bei ihr zu Haus
Und gabst von mir Bericht

Und sprachst: »Mit dem kommt jeder aus,
Nur schwimmen kann er nicht.«

Sie sagten ihm, ich sei noch hier
(Ihr wisst ja, das trifft zu) –
Wenn sie sich nun drauf kaprizier',
Sagt sie, was machst dann du?

Ich gab ihr eins, sie gab ihm zwei
Und ihr gabt uns drei Stück;
Doch all das ist jetzt einerlei,
Du hast sie ja zurück.

Wenn demnach ich oder auch sie
Da mit hineingeraten,
Dann riecht er sicher irgendwie
Auch seinerseits den Braten.

Bevor sie so verschroben war,
Da dacht' ich (ich gesteh's),
Du seist dabei die Hauptgefahr
Für ihn und uns und es.

Sie war darauf besonders scharf,
Doch das behalt für dich,
Weil keiner davon wissen darf
Als höchstens du und ich.

»Das ist der entscheidende Beweis«, sagte der König und rieb sich die Hände; »ich frage also hiermit die Schöffen: Wie lautet euer –«

»Wenn mir das auch nur einer von Ihnen erklären kann«, sagte Alice (sie war mittlerweile so groß geworden, dass sie überhaupt keine Angst mehr hatte, ihn zu unterbrechen), »dann will ich Hans heißen. *Meiner* Meinung nach ist darin keine Spur von Sinn.« Die Schöffen schrieben alle auf ihre Täfelchen: ›*Ihrer* Meinung nach ist darin keine Spur von Sinn‹, aber keiner machte den Versuch, das Gedicht zu erklären.

»Wenn es keinen Sinn hat«, sagte der König, »können wir uns sehr viel Mühe sparen, denn dann brauchen wir ihn gar nicht erst zu suchen. Und doch, ich weiß nicht«, fuhr er fort, indem er das Papier glatt strich und mit einem Auge darauf niedersah, »einigen Sinn kann ich, glaube ich, doch darin entdecken. ›Nur schwimmen kann er nicht‹ – das kannst du doch auch nicht, oder?«, fragte er und wandte sich dabei dem Herzbuben zu.

Der Herzbube schüttelte traurig den Kopf. »Sehe ich denn so

aus?«, fragte er. (Und das konnte *wirklich* niemand behaupten, denn er war ganz aus Pappe.)

»So weit, so gut«, sagte der König und las leise vor sich hin murmelnd ein Stück weiter: »›Ihr wisst ja, das trifft zu‹ – damit sind natürlich die Schöffen gemeint – ›Ich gab ihr eins, sie gab ihm zwei und ihr gabt uns drei Stück‹ – das ist, was er mit den Törtchen gemacht hat, nicht wahr?«

»Aber es geht weiter: ›Du hast sie ja zurück‹«, sagte Alice. »Nun, da sind sie ja auch!«, rief der König triumphierend und zeigte auf die Törtchen auf dem Tisch. »Wenn das nicht klar ist! – Ferner: ›Bevor sie so verschroben war‹ – verschroben warst du doch nie, liebe Frau, oder doch?«, sagte er zur Königin.

»Nie!«, sagte die Königin voller Wut und warf mit einem Tintenfass nach der Eidechse.

»Dann hat er sich *verschrieben*«, sagte der König und sah lächelnd in die Runde. Alles blieb totenstill.

»Das war ein Wortspiel!«, sagte der König beleidigt und alles lachte. »Wie lautet euer Urteil?«, fragte der König ungefähr zum zehnten Mal.

»Nein, nein«, sagte die Königin, »zuerst die Strafe, dann das Urteil!«

»Schluss mit dem Gefasel!«, sagte Alice laut. »Zuerst die Strafe, wo gibt's denn so was!«

»Du hältst den Mund!«, sagte die Königin zornig.

»Ich denke nicht daran«, sagte Alice.

»Kopf ab mit ihr!«, schrie die Königin aus Leibeskräften. Niemand rührte sich.

»Wer wird sich denn um euch scheren?«, sagte Alice (denn sie hatte wieder ihre volle Größe erlangt), »ihr seid ja nichts weiter als ein Kartenspiel!«

Bei diesen Worten schwang sich das ganze Kartenspiel in die Luft und kam auf sie zugesegelt. Halb zornig, halb erschreckt, stieß Alice einen kleinen Schrei aus und schlug nach ihnen, um sie zu verjagen – und auf einmal war sie wieder am Bachufer und lag mit dem Kopf ihrer Schwester im Schoß, und eine sanfte Hand strich ihr einige raschelnde Blätter aus dem Gesicht, die von einem Baum auf sie herabgeflattert waren.

»Wach auf, liebe Alice!«, sagte ihre Schwester. »Wie lange du geschlafen hast!«

»Ach, und ich hatte einen so seltsamen Traum!«, sagte Alice und erzählte ihrer Schwester, so gut sie sich noch erinnern konnte, die sonderbaren Erlebnisse, die ihr gerade vernommen habt; und als sie damit fertig war, gab ihr die Schwester einen Kuss und sagte: »Das war wirklich einmal ein seltsamer Traum; aber jetzt rasch heim zum Tee, es ist schon spät.« Und da stand Alice also auf und rannte davon und dachte im Laufen noch einmal – und da hatte sie ja auch ganz recht – , welch ein wundersamer Traum es gewesen war.

Ihre Schwester aber blieb noch eine Weile zurück, den Kopf auf eine Hand gestützt, und sah zu, wie die Sonne unterging, und dachte an die kleine Alice und ihre wunderbaren Erlebnisse, bis auch sie auf ihre Weise ins Träumen kam, und darüber wurde es auf einmal um sie her lebendig, und überall rührten sich die sonderbaren Wesen, von denen ihre kleine Schwester geträumt hatte.

Es raschelte in dem hohen Gras zu ihren Füßen, und das Weiße Kaninchen trippelte vorbei – die Maus patschte erschreckt durch den nahen Teich – sie konnte die Teetassen klirren hören, wenn der Schnapphase und seine Freunde bei ihrem unaufhörlichen Imbiss die Plätze wechselten, und die schrille Stimme der Königin, die ihre unglückseligen Mitspieler hinrichten ließ – auch das Ferkelkind nieste wieder auf dem Schoß der Herzogin, und um es her barst und splitterte Geschirr – der Greif schrie, und der Griffel der Eidechse quietschte auf der Schiefertafel, und dazwischen schluchzte aus der Ferne untröstlich die Falsche Suppenschildkröte.

So saß sie mit geschlossenen Augen da und glaubte sich halb ins Wunderland versetzt; und dabei wusste sie doch recht gut,

»Wach auf, liebe Alice!«,
sagte ihre Schwester.
»Wie lange du
geschlafen hast!«

… vielleicht sogar, wer weiß,
bei der Geschichte des Traumes
vom Wunderland aus alter Zeit;
und wie sie traurig war mit all
ihren Schmerzen und fröhlich
mit all ihren Freuden
im Gedanken an ihre eigene
Jugendzeit und selige
Sommertage.

dass sie sich nur umzublicken brauchte, und alles würde wieder langweilig und wirklich werden: Das Geraschel im Gras kam nur vom Wind, nur das Schilf plätscherte im Teich, aus dem Geklirr der Teetassen würde das Klingeln der Schafschellen werden und aus dem Gekeif der Königin die Stimme des Hüterbuben – das niesende Baby und der schreiende Greif würden sich wieder, das wusste sie genau, in den verworrenen Lärm drüben von dem Bauernhof verwandeln – und die muhenden Kühe in der Ferne wären alles, was von dem Geschluchz der Falschen Suppenschildkröte übrig bliebe.

Und zuletzt malte sie sich aus, wie dieselbe kleine Schwester, die eben davongelaufen war, eines Tages auch erwachsen wäre und sich wohl auch in reiferen Jahren das einfältige liebevolle Herz ihrer Kindheit bewahrt hätte, und sah vor sich, wie sich andere kleine Kinder um sie scharten und wie auch deren Augen aufleuchteten bei manch einer seltsamen Geschichte, vielleicht sogar, wer weiß, bei der Geschichte des Traumes vom Wunderland aus alter Zeit; und wie sie traurig war mit all ihren Schmerzen und fröhlich mit all ihren Freuden im Gedanken an ihre eigene Jugendzeit und selige Sommertage.

Lewis Carroll

Die Erwartung

ERSTES KAPITEL

DIE ELTERN LAGEN SCHON und schliefen, die Wanduhr schlug ihren einförmigen Takt, vor den klappernden Fenstern sauste der Wind; abwechselnd wurde die Stube hell von dem Schimmer des Mondes. Der Jüngling lag unruhig auf seinem Lager und gedachte des Fremden und seiner Erzählungen. »Nicht die Schätze sind es, die ein so unaussprechliches Verlangen in mir geweckt haben«, sagte er zu sich selbst; »fernab liegt mir alle Habsucht: Aber die blaue Blume sehn ich mich zu erblicken. Sie liegt mir unaufhörlich im Sinn, und ich kann nichts anderes dichten und denken. So ist mir noch nie zumute gewesen: Es ist, als hätt ich vorhin geträumt, oder ich wäre in eine andere Welt hinübergeschlummert; denn in der Welt, in der ich sonst lebte, wer hätte da sich um Blumen bekümmert, und gar von einer so seltsamen Leidenschaft für eine Blume hab ich damals nie gehört. Wo eigentlich nur der Fremde herkam? Keiner von uns hat je einen ähnlichen Menschen gesehn; doch weiß ich nicht, warum nur ich von seinen Reden so ergriffen worden bin; die andern haben ja das Nämliche gehört, und keinem ist so etwas begegnet. Dass ich auch nicht einmal von meinem wunderlichen Zustande reden kann! Es ist mir oft so entzückend wohl, und nur dann, wenn ich die Blume nicht recht gegenwärtig habe, befällt mich so ein tiefes, inniges Treiben: Das kann und wird keiner verstehn. Ich glaubte, ich wäre wahnsinnig, wenn ich nicht so klar und hell sähe und dächte, mir ist seitdem alles viel bekannter. Ich hörte einst von alten Zeiten reden; wie da die Tiere und Bäume und Felsen mit den Menschen gesprochen hätten. Mir ist gerade so, als wollten sie allaugenblicklich anfangen und als könnte ich es ihnen ansehen, was sie mir sagen wollten. Es muss noch viel Worte geben, die ich nicht weiß: Wüsste ich mehr, so könnte ich viel besser alles begreifen. Sonst tanzte ich gern; jetzt denke ich lieber nach der Musik.« Der Jüngling verlor sich allmählich in süßen Fantasien und entschlummerte. Da träumte ihm erst von unabsehlichen Fernen und wilden, unbekannten Gegenden. Er wanderte über Meere mit unbegreiflicher Leichtigkeit; wunderliche Tiere sah er; er lebte mit mannigfaltigen Menschen, bald im Kriege, in wildem Getümmel, in stillen Hütten. Er geriet in Gefangenschaft und die schmählichste Not. Alle Empfindungen stiegen bis zu einer nie gekannten Höhe in ihm. Er durchlebte ein unendlich buntes Leben; starb und kam wieder, liebte bis zur höchsten Leidenschaft und war dann wieder auf ewig von seiner Geliebten getrennt. Endlich gegen Morgen, wie draußen die Dämmerung anbrach, wurde es stiller in seiner Seele, klarer und bleibender wurden die Bilder. Es kam ihm vor, als ginge er in einem dunkeln Walde allein. Nur selten schimmerte der Tag durch das grüne Netz. Bald kam er vor eine Felsenschlucht, die bergan stieg. Er musste über bemooste Steine klettern, die ein ehemaliger Strom heruntergerissen hatte. Je höher er kam, desto lichter wurde der Wald. Endlich gelangte er zu einer kleinen Wiese, die am Hange des Berges lag. Hinter der Wiese erhob sich eine hohe Klippe, an deren Fuß er eine Öffnung erblickte, die der Anfang eines in den Felsen gehauenen Ganges zu sein schien. Der Gang führte ihn gemächlich eine Zeit lang eben fort, bis zu einer großen Weitung, aus der ihm schon von fern ein helles Licht entgegenglänzte. Wie er hineintrat, ward er einen mächtigen Strahl gewahr, der wie aus einem Springquell bis an die Decke des Gewölbes stieg und oben in unzählige Funken zerstäubte, die sich unten in einem großen Becken sammelten; der Strahl glänzte wie entzündetes

Eine Art von süßem Schlummer
befiel ihn, in welchem er
unbeschreibliche Begebenheiten
träumte und woraus ihn eine
andere Erleuchtung weckte.

Gold; nicht das mindeste Geräusch war zu hören, eine heilige Stille umgab das herrliche Schauspiel. Er näherte sich dem Becken, das mit unendlichen Farben wogte und zitterte. Die Wände der Höhle waren mit dieser Flüssigkeit überzogen, die nicht heiß, sondern kühl war und an den Wänden nur ein mattes, bläuliches Licht von sich warf. Er tauchte seine Hand in das Becken und benetzte seine Lippen. Es war, als durchdränge ihn ein geistiger Hauch, und er fühlte sich innigst gestärkt und erfrischt. Ein unwiderstehliches Verlangen ergriff ihn sich zu baden, er entkleidete sich und stieg in das Becken. Es dünkte ihn, als umflösse ihn eine Wolke des Abendrots; eine himmlische Empfindung überströmte sein Inneres; mit inniger Wollust strebten unzählbare Gedanken in ihm sich zu vermischen; neue, nie gesehene Bilder entstanden, die auch ineinanderflossen und zu sichtbaren Wesen um ihn wurden, und jede Welle des lieblichen Elements schmiegte sich wie ein zarter Busen an ihn. Die Flut schien eine Auflösung reizender Mädchen, die an dem Jünglinge sich augenblicklich verkörperten.

Berauscht von Entzücken und doch jedes Eindrucks bewusst, schwamm er gemach dem leuchtenden Strome nach, der aus dem Becken in den Felsen hineinfloss. Eine Art von süßem Schlummer befiel ihn, in welchem er unbeschreibliche Begebenheiten träumte und woraus ihn eine andere Erleuchtung weckte. Er fand sich auf einem weichen Rasen am Rande einer Quelle, die in die Luft hinausquoll und sich darin zu verzehren schien. Dunkelblaue Felsen mit bunten Adern erhoben sich in einiger Entfernung; das Tageslicht, das ihn umgab, war heller und milder als das gewöhnliche, der Himmel war schwarzblau und völlig rein. Was ihn aber mit voller Macht anzog, war eine hohe lichtblaue Blume, die zunächst an der Quelle stand und ihn mit ihren breiten, glänzenden Blättern berührte. Rund um sie her standen unzählige Blumen von allen Farben, und der köstliche Geruch erfüllte die Luft. Er sah nichts als die blaue Blume und betrachtete sie lange mit unnennbarer Zärtlichkeit. Endlich wollte er sich ihr nähern, als sie auf einmal sich zu bewegen und zu verändern anfing; die Blätter wurden glänzender und schmiegten sich an den wachsenden Stängel, die Blume neigte sich nach ihm zu, und die Blütenblätter zeigten einen blauen ausgebreiteten Kragen, in welchem ein zartes Gesicht schwebte. Sein süßes Staunen wuchs mit der sonderbaren Verwandlung, als ihn plötzlich die Stimme seiner Mutter weckte und er sich in der elterlichen Stube fand, die schon die Morgensonne vergoldete. Er war zu entzückt, um unwillig über diese Störung zu sein; vielmehr bot er seiner Mutter freundlich guten Morgen und erwiderte ihre herzliche Umarmung.

»Du Langschläfer«, sagte der Vater, »wie lange sitze ich schon hier und feile. Ich habe deinetwegen nichts hämmern dürfen; die Mutter wollte den lieben Sohn schlafen lassen. Aufs Frühstück habe ich auch warten müssen. Klüglich hast du den Lehrstand erwählt, für den wir wachen und arbeiten. Indes ein tüchtiger Gelehrter, wie ich mir habe sagen lassen, muss auch Nächte zu Hülfe nehmen, um die großen Werke der weisen Vorfahren zu studieren.« – »Lieber Vater«, antwortete Heinrich, »werdet nicht unwillig über meinen langen Schlaf, den Ihr sonst nicht an mir gewohnt seid. Ich schlief erst spät ein und habe viele unruhige Träume gehabt, bis zuletzt ein anmutiger Traum mir erschien, den ich lange nicht vergessen werde und von dem mich dünkt, als sei es mehr als bloßer Traum gewesen.« – »Lieber Heinrich«, sprach die Mutter, »du hast dich gewiss auf den Rücken gelegt oder beim Abendsegen fremde Gedanken gehabt. Du siehst auch noch ganz wunderlich aus. Iss und trink, dass du munter wirst.«

Die Mutter ging hinaus, der Vater arbeitete emsig fort und sagte: »Träume sind Schäume, mögen auch die hochgelehrten Herren davon denken, was sie wollen, und du tust wohl, wenn du dein Gemüt von dergleichen unnützen und schädlichen Betrachtungen abwendest. Die Zeiten sind nicht mehr, wo zu den Träumen göttliche Gesichte sich gesellten, und wir können und werden es nicht begreifen, wie es jenen auserwählten Männern,

Ich schlief erst spät ein und habe
viele unruhige Träume gehabt,
bis zuletzt ein anmutiger Traum
mir erschien, den ich lange nicht
vergessen werde und von dem mich
dünkt, als sei es mehr als
bloßer Traum gewesen.

von denen die Bibel erzählt, zumute gewesen ist. Damals muss es eine andere Beschaffenheit mit den Träumen gehabt haben, so wie mit den menschlichen Dingen.

In dem Alter der Welt, wo wir leben, findet der unmittelbare Verkehr mit dem Himmel nicht mehr statt. Die alten Geschichten und Schriften sind jetzt die einzigen Quellen, durch die uns eine Kenntnis von der überirdischen Welt, soweit wir sie nötig haben, zuteilwird; und statt jener ausdrücklichen Offenbarungen redet jetzt der heilige Geist mittelbar durch den Verstand kluger und wohlgesinnter Männer und durch die Lebensweise und die Schicksale frommer Menschen zu uns. Unsre heutigen Wunderbilder haben mich nie sonderlich erbaut, und ich habe nie jene großen Taten geglaubt, die unsre Geistlichen davon erzählen. Indes mag sich daran erbauen, wer will, und ich hüte mich wohl jemanden in seinem Vertrauen irre zu machen.« – »Aber, lieber Vater, aus welchem Grunde seid Ihr so den Träumen entgegen, deren seltsame Verwandlungen und leichte zarte Natur doch unser Nachdenken gewisslich rege machen müssen? Ist nicht jeder, auch der verworrenste Traum, eine sonderliche Erscheinung, die auch ohne noch an göttliche Schickung dabei zu denken, ein bedeutsamer Riss in den geheimnisvollen Vorhang ist, der mit tausend Falten in unser Inneres hereinfällt? In den weisesten Büchern findet man unzählige Traumgeschichten von glaubhaften Menschen, und erinnert Euch nur noch des Traums, den uns neulich der ehrwürdige Hofkaplan erzählte und der Euch selbst so merkwürdig vorkam.

Aber auch ohne diese Geschichten, wenn Ihr zuerst in Eurem Leben einen Traum hättet, wie würdet Ihr nicht erstaunen und Euch die Wunderbarkeit dieser uns nur alltäglich gewordenen Begebenheit gewiss nicht abstreiten lassen! Mich dünkt der Traum eine Schutzwehr gegen die Regelmäßigkeit und Gewöhnlichkeit des Lebens, eine freie Erholung der gebundenen Fantasie, wo sie alle Bilder des Lebens durcheinanderwirft und die beständige Ernsthaftigkeit des erwachsenen Menschen durch ein fröhliches Kinderspiel unterbricht. Ohne die Träume würden wir gewiss früher alt, und so kann man den Traum, wenn auch nicht als unmittelbar von oben gegeben, doch als eine göttliche Mitgabe, einen freundlichen Begleiter auf der Wallfahrt zum heiligen Grabe betrachten. Gewiss ist der Traum, den ich heute Nacht träumte, kein unwirksamer Zufall in meinem Leben gewesen, denn ich fühle es, dass er in meine Seele wie ein weites Rad hineingreift und sie in mächtigem Schwunge forttreibt.«

Der Vater lächelte freundlich und sagte, indem er die Mutter, die eben hereintrat, ansah: »Mutter, Heinrich kann die Stunde nicht verleugnen, durch die er in der Welt ist. In seinen Reden kocht der feurige welsche Wein, den ich damals von Rom mitgebracht hatte und der unsern Hochzeitabend verherrlichte. Damals war ich auch noch ein andrer Kerl. Die südliche Luft hatte mich aufgetaut, von Mut und Lust floss ich über, und du warst auch ein heißes köstliches Mädchen. Bei deinem Vater gings damals herrlich zu; Spielleute und Sänger waren weit und breit herzugekommen, und lange war in *Augsburg* keine lustigere Hochzeit gefeiert worden.«

»Ihr spracht vorhin von Träumen«, sagte die Mutter, »weißt du wohl, dass du mir damals auch von einem Traume erzähltest, den du in Rom gehabt hattest und der dich zuerst auf den Gedanken gebracht, zu uns nach Augsburg zu kommen und um mich zu werben?« – »Du erinnerst mich eben zur rechten Zeit«, sagte der Alte; »ich habe diesen seltsamen Traum ganz vergessen, der mich damals lange genug beschäftigte; aber eben er ist mir ein Beweis dessen, was ich von den Träumen gesagt habe. Es ist unmöglich, einen geordneteren und helleren zu haben; noch jetzt entsinne ich mich jedes Umstandes ganz genau; und doch, was hat er bedeutet? Dass ich von dir träumte und mich bald darauf von Sehnsucht ergriffen fühlte, dich zu besitzen, war ganz natürlich: Denn ich kannte dich schon. Dein freundliches holdes Wesen hatte mich gleich anfangs lebhaft gerührt, und nur die Lust nach der Fremde hielt damals meinen Wunsch nach deinem

Besitz noch zurück. Um die Zeit des Traums war meine Neugierde schon ziemlich gestillt, und nun konnte die Neigung leichter durchdringen.«

»Erzählt uns doch jenen seltsamen Traum«, sagte der Sohn. »Ich war eines Abends«, fing der Vater an, »umhergestreift. Der Himmel war rein, und der Mond bekleidete die alten Säulen und Mauern mit seinem bleichen schauerlichen Lichte. Meine Gesellen gingen den Mädchen nach, und mich trieb das Heimweh und die Liebe ins Freie. Endlich ward ich durstig und ging ins erste beste Landhaus hinein, um einen Trunk Wein oder Milch zu fordern. Ein alter Mann kam heraus, der mich wohl für einen verdächtigen Besuch halten mochte. Ich trug ihm mein Anliegen vor; und als er erfuhr, dass ich ein Ausländer und ein Deutscher sei, lud er mich freundlich in die Stube und brachte eine Flasche Wein. Er hieß mich niedersetzen und fragte mich nach meinem Gewerbe. Die Stube war voll Bücher und Altertümer. Wir gerieten in ein weitläuftiges Gespräch; er erzählte mir viel von alten Zeiten, von Malern, Bildhauern und Dichtern. Noch nie hatte ich so davon reden hören. Es war mir, als sei ich in einer neuen Welt ans Land gestiegen. Er wies mir Siegelsteine und andre alte Kunstarbeiten; dann las er mir mit lebendigem Feuer herrliche Gedichte vor, und so verging die Zeit wie ein Augenblick. Noch jetzt heitert mein Herz sich auf, wenn ich mich des bunten Gewühls der wunderlichen Gedanken und Empfindungen erinnere, die mich in dieser Nacht erfüllten. In den heidnischen Zeiten war er wie zu Hause und sehnte sich mit unglaublicher Inbrunst in dies graue Altertum zurück. Endlich wies er mir eine Kammer an, wo ich den Rest der Nacht zubringen könnte, weil es schon zu spät sei, um noch zurückzukehren. Ich schlief bald, und da dünkte michs, ich sei in meiner Vaterstadt und wanderte aus dem Tore. Es war, als müsste ich irgendwohin gehn, um etwas zu bestellen, doch wusste ich nicht wohin und was ich verrichten solle. Ich ging nach dem Harze mit überaus schnellen Schritten, und wohl war mir, als sei es zur Hochzeit. Ich hielt mich nicht auf dem Wege, sondern immer feldein durch Tal und Wald, und bald kam ich an einen hohen Berg. Als ich oben war, sah ich die Goldne Aue vor mir und überschaute Thüringen weit und breit, also dass kein Berg in der Nähe umher mir die Aussicht wehrte. Gegenüber lag der Harz mit seinen dunklen Bergen, und ich sah unzählige Schlösser, Klöster und Ortschaften. Wie mir nun da recht wohl innerlich ward, fiel mir der alte Mann ein, bei dem ich schlief, und es gedäuchte mir, als sei das vor geraumer Zeit geschehn, dass ich bei ihm gewesen sei. Bald gewahrte ich eine Stiege, die in den Berg hineinging, und ich machte mich hinunter. Nach langer Zeit kam ich in eine große Höhle, da saß ein Greis in einem langen Kleide vor einem eisernen Tische und schaute unverwandt nach einem wunderschönen Mädchen, die in Marmor gehauen vor ihm stand. Sein Bart war durch den eisernen Tisch gewachsen und bedeckte seine Füße. Er sah ernst und freundlich aus und gemahnte mich wie ein alter Kopf, den ich den Abend bei dem Manne gesehn hatte. Ein glänzendes Licht war in der Höhle verbreitet. Wie ich so stand und den Greis ansah, klopfte mir plötzlich mein Wirt auf die Schulter, nahm mich bei der Hand und führte mich durch lange Gänge mit sich fort. Nach einer Weile sah ich von Weitem eine Dämmerung, als wollte das Tageslicht einbrechen. Ich eilte darauf zu und befand mich bald auf einem grünen Plane; aber es schien mir alles ganz anders als in Thüringen. Ungeheure Bäume mit großen glänzenden Blättern verbreiteten weit umher Schatten. Die Luft war sehr heiß und doch nicht drückend. Überall Quellen und Blumen, und unter allen Blumen gefiel mir eine ganz besonders, und es kam mir vor, als neigten sich die andern gegen sie.«

»Ach! Liebster Vater, sagt mir doch, welche Farbe sie hatte«, rief der Sohn mit heftiger Bewegung.

»Das entsinne ich mich nicht mehr, so genau ich mir auch sonst alles eingeprägt habe.«

»War sie nicht blau?«

»Es kann sein«, fuhr der Alte fort, ohne auf Heinrichs seltsame Heftigkeit Achtung zu geben. »So viel weiß ich nur noch,

… aber ich erwachte bald
darauf und fühlte mich
von heftiger Liebe bewegt.

dass mir ganz unaussprechlich zumute war und ich mich lange nicht nach meinem Begleiter umsah. Wie ich mich endlich zu ihm wandte, bemerkte ich, dass er mich aufmerksam betrachtete und mir mit inniger Freude zulächelte. Auf welche Art ich von diesem Orte wegkam, erinnere ich mich nicht mehr. Ich war wieder oben auf dem Berge. Mein Begleiter stand bei mir und sagte: Du hast das Wunder der Welt gesehn. Es steht bei dir, das glücklichste Wesen auf der Welt und noch über das ein berühmter Mann zu werden. Nimm wohl in Acht, was ich dir sage: Wenn du am Tage Johannis gegen Abend wieder hierherkommst und Gott herzlich um das Verständnis dieses Traumes bittest, so wird dir das höchste irdische Los zuteilwerden; dann gib nur acht auf ein blaues Blümchen, was du hier oben finden wirst, brich es ab und überlass dich dann demütig der himmlischen Führung. Ich war darauf im Traume unter den herrlichsten Gestalten und Menschen, und unendliche Zeiten gaukelten mit mannigfaltigen Veränderungen vor meinen Augen vorüber. Wie gelöst war meine Zunge, und was ich sprach, klang wie Musik. Darauf ward alles wieder dunkel und eng und gewöhnlich; ich sah deine Mutter mit freundlichem, verschämtem Blick vor mir; sie hielt ein glänzendes Kind in den Armen und reichte mir es hin, als auf einmal das Kind zusehends wuchs, immer heller und glänzender ward und sich endlich mit blendend weißen Flügeln über uns erhob, uns beide in seinen Arm nahm und so hoch mit uns flog, dass die Erde nur wie eine goldene Schüssel mit dem saubersten Schnitzwerk aussah. Dann erinnere ich mir nur, dass wieder jene Blume und der Berg und der Greis vorkamen; aber ich erwachte bald darauf und fühlte mich von heftiger Liebe bewegt. Ich nahm Abschied von meinem gastfreien Wirt, der mich bat, ihn oft wieder zu besuchen, was ich ihm zusagte, und auch Wort gehalten haben würde, wenn ich nicht bald darauf Rom verlassen hätte und ungestüm nach Augsburg gereist wäre.«

Novalis

VON Sternen-GUCKERN

Die Welt, die monden ist

Vergiss, vergiss, und lass uns jetzt nur dies
erleben, wie die Sterne durch geklärten
Nachthimmel dringen, wie der Mond die Gärten
voll übersteigt. Wir fühlten längst schon, wie's
spiegelnder wird im Dunkeln; wie ein Schein
entsteht, ein weißer Schatten in dem Glanz
der Dunkelheit. Nun aber lass uns ganz
hinübertreten in die Welt hinein,
die monden ist.

Rainer Maria Rilke

DER KLEINE PRINZ

ALS WIR STUNDENLANG SCHWEIGEND dahingezogen waren, brach die Nacht herein und die Sterne begannen zu leuchten. Ich sah sie wie im Traum, ich hatte ein wenig Fieber vor Durst. Die Worte des kleinen Prinzen tanzten durch mein Bewusstsein.

»Du hast also auch Durst?«, fragte ich ihn.

Er antwortete nicht auf meine Frage. Er sagte einfach:

»Wasser kann auch gut sein für das Herz ...«

Ich verstand seine Worte nicht, aber ich schwieg ... Ich wusste gut, dass man ihn nicht fragen durfte.

Er war müde. Er setzte sich. Ich setzte mich neben ihn. Und nach einem Schweigen sagte er noch:

»Die Sterne sind schön, weil sie an eine Blume erinnern, die man nicht sieht ...«

Ich antwortete: »Gewiss«, und betrachtete schweigend die Falten des Sandes unter dem Mond.

»Die Wüste ist schön«, fügte er hinzu ...

Und das ist wahr. Ich habe die Wüste immer geliebt. Man setzt sich auf eine Sanddüne. Man sieht nichts. Man hört nichts. Und währenddessen strahlt etwas in der Stille.

»Es macht die Wüste schön«, sagte der kleine Prinz, »dass sie irgendwo einen Brunnen birgt.«

Ich war überrascht, dieses geheimnisvolle Leuchten des Sandes plötzlich zu verstehen. Als ich ein kleiner Junge war, wohnte ich in einem alten Haus, und die Sage erzählte, dass darin ein Schatz versteckt sei. Gewiss, es hat ihn nie jemand zu entdecken vermocht, vielleicht hat ihn auch nie jemand gesucht. Aber er verzauberte dieses ganze Haus. Mein Haus barg ein Geheimnis auf dem Grunde seines Herzens ...

»Ja«, sagte ich zum kleinen Prinzen, »ob es sich um das Haus, um die Sterne oder um die Wüste handelt, was ihre Schönheit ausmacht, ist unsichtbar!«

»Ich bin froh«, sagte er, »dass du mit meinem Fuchs übereinstimmst.«

Da der kleine Prinz einschlief, nahm ich ihn in meine Arme und machte mich wieder auf den Weg. Ich war bewegt. Mir war, als trüge ich ein zerbrechliches Kleinod. Es schien mir sogar, als gäbe es nichts Zerbrechlicheres auf der Erde. Ich betrachtete im Mondlicht diese blasse Stirn, diese geschlossenen Augen, diese im Wind zitternde Haarsträhne, und ich sagte mir:

›Was ich da sehe, ist nur eine Hülle. Das Eigentliche ist unsichtbar ...‹

Da seine halb geöffneten Lippen ein halbes Lächeln andeuteten, sagte ich mir auch: Was mich an diesem kleinen eingeschlafenen Prinzen so sehr rührt, ist seine Treue zu einer Blume, ist das Bild einer Rose, das ihn durchstrahlt wie die Flamme einer Lampe, selbst wenn er schläft ... Und er kam mir noch zerbrechlicher vor als bisher. Man muss die Lampen sorgsam schützen: Ein Windstoß kann sie zum Verlöschen bringen ...

Und während ich so weiterging, entdeckte ich bei Tagesanbruch den Brunnen.

XXV

»Die Leute«, sagte der kleine Prinz, »schieben sich in die Schnellzüge, aber sie wissen gar nicht, wohin sie fahren wollen. Nachher regen sie sich auf und drehen sich im Kreis ...« Und er fügte hinzu:

»Das ist nicht der Mühe wert ...«

Der Brunnen, den wir erreicht hatten, glich nicht den Brunnen der Sahara. Die Brunnen der Sahara sind einfache, in den Sand gegrabene Löcher. Dieser da glich einem Dorfbrunnen. Aber es war keinerlei Dorf da, und ich glaubte zu träumen.

»Das ist merkwürdig«, sagte ich zum kleinen Prinzen, »alles ist bereit: die Winde, der Kübel und das Seil ...«

Er lachte, berührte das Seil, ließ die Rolle spielen. Und die Rolle knarrte wie ein altes Windrad, wenn der Wind lange geschlafen hat.

»Du hörst«, sagte der kleine Prinz, »wir wecken diesen Brunnen auf und er singt ...«

Ich wollte nicht, dass er sich abmühte.

»Lass mich das machen«, sagte ich zu ihm, »das ist zu schwer für dich.«

Langsam hob ich den Kübel bis zum Brunnenrand. Ich stellte ihn dort schön aufrecht. In meinen Ohren war noch immer der Gesang der Zugwinde, und im Wasser, das noch zitterte, sah ich die Sonne zittern.

»Ich habe Durst nach diesem Wasser«, sagte der kleine Prinz, »gib mir zu trinken ...«

Und ich verstand, was er gesucht hatte.

Ich hob den Kübel an seine Lippen. Er trank mit geschlossenen Augen. Das war wie ein Fest. Dieses Wasser war etwas ganz anderes als ein Trunk. Es war entsprungen aus dem Marsch unter den Sternen, aus dem Gesang der Rolle, aus der Mühe meiner Arme. Es war gut fürs Herz, wie ein Geschenk. Genauso machten, als ich ein Junge war, die Lichter des Christbaums, die Musik der Weihnachtsmette, die Sanftmut des Lächelns den eigentlichen Glanz der Geschenke aus, die ich erhielt.

Dieses Wasser war etwas ganz
anderes als ein Trunk.
Es war entsprungen aus dem
Marsch unter den Sternen,
aus dem Gesang der Rolle,
aus der Mühe meiner Arme.

»Die Menschen bei dir zu Hause«, sagte der kleine Prinz, »züchten fünftausend Rosen in ein und demselben Garten ... und doch finden sie dort nicht, was sie suchen ...«

»Sie finden es nicht«, antwortete ich ...

»Und dabei kann man das, was sie suchen, in einer einzigen Rose oder in einem bisschen Wasser finden ...«

»Ganz gewiss«, antwortete ich.

Und der kleine Prinz fügte hinzu:

»Aber die Augen sind blind. Man muss mit dem Herzen suchen.«

Ich hatte getrunken. Es atmete sich wieder gut. Der Sand hat bei Tagesanbruch die Farbe des Honigs. Auch über diese Honigfarbe war ich glücklich. Warum sollte ich mir Sorgen machen ...

»Du musst dein Versprechen halten«, sagte sanft der kleine Prinz, der sich wieder zu mir gesetzt hatte.

»Welches Versprechen?«

»Du weißt, einen Maulkorb für mein Schaf ... Ich bin verantwortlich für diese Blume!«

Ich nahm meine Skizzen aus der Tasche. Der kleine Prinz sah sie und sagte lachend:

»Deine Affenbrotbäume schauen ein bisschen wie Kohlköpfe aus ...«

»Oh!«

Und ich war auf die Affenbrotbäume so stolz gewesen!

»Dein Fuchs ... seine Ohren ... sie schauen ein wenig wie Hörner aus ... sie sind viel zu lang!«

Und er lachte wieder.

»Du bist ungerecht, kleines Kerlchen, ich konnte nichts zeichnen als geschlossene und offene Riesenschlangen!«

»Oh! Es wird schon gehen«, sagte er, »die Kinder wissen ja Bescheid.«

Ich kritzelte also einen Maulkorb hin. Und das Herz krampfte sich mir zusammen, als ich ihn dem kleinen Prinzen gab:

»Du hast Pläne, von denen ich nichts weiß ...«

Aber er antwortete nicht. Er sagte:

»Du weißt, mein Sturz auf die Erde ... Morgen wird es ein Jahr sein ...«

Dann, nach einem Schweigen, sagte er noch:

»Ich war ganz in der Nähe heruntergefallen ...«

Und er errötete.

Wieder fühlte ich einen merkwürdigen Kummer, ohne zu wissen warum. Indessen kam mir eine Frage:

»Dann ist es kein Zufall, dass du am Morgen, da ich dich kennenlernte, vor acht Tagen, so ganz allein, tausend Meilen von allen bewohnten Gegenden entfernt, spazieren gingst? Du kehrtest zu dem Punkt zurück, wohin du gefallen warst?«

Der kleine Prinz errötete noch mehr.

Und ich fügte zögernd hinzu: »Vielleicht war es der Jahrestag ...?«

Von Neuem errötete der kleine Prinz. Er antwortete nie auf die Fragen, aber wenn man errötet, so bedeutet das ›ja‹, nicht wahr?

»Ach«, sagte ich, »ich habe Angst!«

Aber er antwortete:

»Du musst jetzt arbeiten. Du musst wieder zu deiner Maschine zurückkehren. Ich erwarte dich hier. Komm morgen Abend wieder ...«

Aber ich war nicht beruhigt. Ich erinnerte mich an den Fuchs. Man läuft Gefahr, ein bisschen zu weinen, wenn man sich hat zähmen lassen ...

XXVI

Neben dem Brunnen stand die Ruine einer alten Steinmauer. Als ich am nächsten Abend von meiner Arbeit zurückkam, sah ich von Weitem meinen kleinen Prinzen da oben sitzen, mit herabhängenden Beinen. Und ich hörte ihn sprechen.

»Du erinnerst dich also nicht mehr?«, sagte er. »Es ist nicht ganz genau hier!«

Zweifellos antwortete ihm eine andere Stimme, da er erwiderte:

»Doch! Doch! Es ist wohl der Tag, aber nicht genau der Ort ...«

Ich setzte meinen Weg zur Mauer fort. Ich sah und hörte niemanden. Dennoch erwiderte der kleine Prinz von Neuem:

»Gewiss. Du wirst sehen, wo meine Spur im Sand beginnt. Du brauchst mich nur dort zu erwarten. Ich werde heute Nacht dort sein.«

Ich war zwanzig Meter von der Mauer entfernt und sah noch immer nichts. Der kleine Prinz sagte noch, nach einem kurzen Schweigen:

»Du hast gutes Gift? Bist du sicher, dass du mich nicht lange leiden lässt?«

Ich blieb stehen und das Herz presste sich mir zusammen, aber ich verstand noch immer nicht.

»Jetzt geh weg«, sagte er, »ich will hinunterspringen!«

Da richtete ich selbst den Blick auf den Fuß der Mauer und ich machte einen Satz! Da war, zum kleinen Prinzen emporgereckt, eine dieser gelben Schlangen, die euch in dreißig Sekunden erledigen ... Ich wühlte in meiner Tasche nach meinem Revolver und begann zu laufen, aber bei dem Lärm, den ich machte, ließ sich die Schlange sachte in den Sand gleiten, wie ein Wasserstrahl, der stirbt, und ohne allzu große Eile schlüpfte sie mit einem leichten metallenen Klirren zwischen die Steine.

Gerade rechtzeitig kam ich zur Mauer, um mein kleines Kerlchen von einem Prinzen in meinen Armen aufzufangen; er war bleich wie der Schnee.

»Was sind das für Geschichten! Du sprichst jetzt mit Schlangen?!«

Ich hatte ihm seinen sonnengelben Schal abgenommen. Ich hatte ihm die Schläfen genetzt und ihm zu trinken gegeben. Und jetzt wagte ich nicht, ihn weiter zu fragen.

Er schaute mich ernsthaft an und legte seine Arme um meinen Hals. Ich fühlte sein Herz klopfen wie das eines sterbenden Vogels, den man mit der Flinte geschossen hat.

Er sagte zu mir:

»Ich bin froh, dass du gefunden hast, was an deiner Maschine fehlte. Du wirst nach Hause zurückkehren können ...«

»Woher weißt du das?«

Ich hatte ihm gerade erzählen wollen, dass mir gegen alle Erwartung meine Arbeit geglückt sei!

Er antwortete nicht auf meine Frage, fuhr aber fort:

»Auch ich werde heute nach Hause zurückkehren ...«

Dann schwermütig:

»Das ist viel weiter ... Das ist viel schwieriger ...«

Ich fühlte wohl, dass etwas Außergewöhnliches vorging.

Ich schloss ihn fest in die Arme wie ein kleines Kind, und doch schien es mir, als stürzte er senkrecht in einen Abgrund, ohne dass ich imstande war, ihn zurückzuhalten ...

Sein Blick war ernst; er verlor sich in weiter Ferne:

»Ich habe dein Schaf. Und ich habe die Kiste für das Schaf. Und ich habe den Maulkorb ...«

Und er lächelte schwermütig.

Ich wartete lange. Ich fühlte, dass er sich mehr und mehr erwärmte:

»Kleines Kerlchen, du hast Angst gehabt ...«

Er hatte Angst gehabt, ganz gewiss! Aber er lachte sanft:

»Ich werde heute Abend noch viel mehr Angst haben ...«

Wieder lief es mir eisig über den Rücken bei dem Gefühl des Unabwendbaren. Dieses Lachen nie mehr zu hören – ich begriff, dass ich den Gedanken nicht ertrug. Es war für mich wie ein Brunnen in der Wüste.

»Kleines Kerlchen, ich will dich noch lachen hören.«

Aber er sagte zu mir:

»Diese Nacht wird es ein Jahr. Mein Stern wird sich gerade über dem Ort befinden, wo ich letztes Jahr gelandet bin ...«

»Kleines Kerlchen, ist sie nicht ein böser Traum, diese Geschichte mit der Schlange und der Vereinbarung und dem Stern ...«

Aber er antwortete nicht auf meine Frage.

Wenn du eine Blume liebst,
die auf einem Stern wohnt,
so ist es schön, bei Nacht
den Himmel zu betrachten.
Alle Sterne sind
voll Blumen.

Er sagte: »Was wichtig ist, sieht man nicht ...«

»Gewiss ...«

»Das ist wie mit der Blume. Wenn du eine Blume liebst, die auf einem Stern wohnt, so ist es schön, bei Nacht den Himmel zu betrachten. Alle Sterne sind voll Blumen.«

»Gewiss ...«

»Das ist wie mit dem Wasser. Was du mir zu trinken gabst, war wie Musik, die Winde und das Seil ... du erinnerst dich ... es war gut.«

»Gewiss ...«

»Du wirst in der Nacht die Sterne anschauen. Mein Zuhause ist zu klein, um dir zu zeigen, wo es sich befindet. Es ist besser so. Mein Stern wird für dich einer der Sterne sein. Dann wirst du alle Sterne gern anschauen ... Alle werden sie deine Freunde sein. Und dann werde ich dir ein Geschenk machen ...«

Er lachte noch.

»Ach! Kleines Kerlchen, kleines Kerlchen! Ich höre dieses Lachen so gern!«

»Gerade das wird mein Geschenk sein ... Es wird sein wie mit dem Wasser ...«

»Was willst du sagen?«

»Die Leute haben Sterne, aber es sind nicht die gleichen. Für die einen, die reisen, sind die Sterne Führer. Für andere sind sie nichts als kleine Lichter. Für wieder andere, die Gelehrten, sind sie Probleme. Für meinen Geschäftsmann waren sie Gold. Aber alle diese Sterne schweigen. Du, du wirst Sterne haben, wie sie niemand hat ...«

»Was willst du sagen?«

»Wenn du bei Nacht den Himmel anschaust, wird es dir sein, als lachten alle Sterne, weil ich auf einem von ihnen wohne, weil ich auf einem von ihnen lache. Du allein wirst Sterne haben, die lachen können!«

Und er lachte wieder.

»Und wenn du dich getröstet hast (man tröstet sich immer), wirst du froh sein, mich gekannt zu haben. Du wirst immer mein Freund sein. Du wirst Lust haben, mit mir zu lachen. Und du wirst manchmal dein Fenster öffnen, gerade so, zum Vergnügen ... Und deine Freunde werden sehr erstaunt sein, wenn sie sehen, dass du den Himmel anblickst und lachst. Dann wirst du ihnen sagen: ›Ja, die Sterne, die bringen mich immer zum Lachen!‹ Und sie werden dich für verrückt halten. Ich werde dir einen hübschen Streich gespielt haben ...«

Und er lachte wieder.

»Es wird sein, als hätte ich dir statt der Sterne eine Menge kleiner Schellen geschenkt, die lachen können ...«

Und er lachte noch immer. Dann wurde er wieder ernst:

»Diese Nacht ... weißt du ... komm nicht!«

»Ich werde dich nicht verlassen.«

»Es wird so aussehen, als wäre ich krank ... ein bisschen, als stürbe ich. Das ist so. Komm nicht das anschauen, es ist nicht der Mühe ...«

»Ich werde dich nicht verlassen.«

Aber er war voll Sorge.

»Ich sage dir das ... auch wegen der Schlange. Sie darf dich nicht beißen ... Die Schlangen sind böse. Sie können zum Vergnügen beißen ...«

»Ich werde dich nicht verlassen.«

Aber etwas beruhigte ihn:

»Es ist wahr, sie haben für den zweiten Biss kein Gift mehr ...«

Ich habe es nicht gesehen, wie er sich in der Nacht auf den Weg machte. Er war lautlos entwischt. Als es mir gelang, ihn einzuholen, marschierte er mit raschem, entschlossenem Schritt dahin.

Er sagte nur:

»Ah, du bist da ...«

Und er nahm mich bei der Hand. Aber er quälte sich noch:

»Du hast nicht recht getan. Es wird dir Schmerz bereiten. Es wird aussehen, als wäre ich tot, und das wird nicht wahr sein ...«

Ich schwieg.

»Du verstehst. Es ist zu weit. Ich kann diesen Leib da nicht mitnehmen. Er ist zu schwer.«

Ich schwieg.

»Aber er wird daliegen wie eine alte verlassene Hülle. Man soll nicht traurig sein um solche alten Hüllen ...«

Ich schwieg.

Er verlor ein bisschen den Mut. Aber er gab sich noch Mühe:

»Weißt du, es wird wunderbar sein. Auch ich werde die Sterne anschauen. Alle Sterne werden Brunnen sein mit einer verrosteten Winde. Alle Sterne werden mir zu trinken geben ...«

Ich schwieg.

»Das wird so lustig sein! Du wirst fünfhundert Millionen Schellen haben, ich werde fünfhundert Millionen Brunnen haben ...«

Und auch er schwieg, weil er weinte ...

»Da ist es. Lass mich einen Schritt ganz allein tun.«

Und er setzte sich, weil er Angst hatte.

Er sagte noch:

»Du weißt ... meine Blume ... ich bin für sie verantwortlich! Und sie ist so schwach! Und sie ist so kindlich. Sie hat vier Dornen, die nicht taugen, sie gegen die Welt zu schützen ...«

Ich setzte mich, weil ich mich nicht mehr aufrecht halten konnte.

Er sagte:

»Hier ... Das ist alles ...«

Er zögerte noch ein bisschen, dann erhob er sich. Er tat einen Schritt. Ich konnte mich nicht rühren.

Es war nichts als ein gelber Blitz bei seinem Knöchel. Er blieb einen Augenblick reglos. Er schrie nicht. Er fiel sachte, wie ein Baum fällt. Ohne das leiseste Geräusch fiel er in den Sand.

XXVII

Und jetzt ist es gewiss schon wieder sechs Jahre her … Ich habe diese Geschichte noch nie erzählt. Die Kameraden, die mich wiedergesehen haben, waren froh, mich lebend wiederzusehen. Ich war traurig, aber ich sagte zu ihnen: Das ist die Erschöpfung …

Jetzt habe ich mich ein bisschen getröstet. Das heißt … nicht ganz. Aber ich weiß gut, er ist auf seinen Planeten zurückgekehrt, denn bei Tagesanbruch habe ich seinen Körper nicht wiedergefunden. Es war kein so schwerer Körper … Und ich liebe es, des Nachts den Sternen zuzuhören. Sie sind wie fünfhundert Millionen Glöckchen …

Antoine de Saint-Exupéry

Und ich liebe es, des Nachts
den Sternen zuzuhören.
Sie sind wie fünfhundert
Millionen Glöckchen ...

Reise um den Mond

3.

NACH BARBICANES MERKWÜRDIGER, aber sicher richtiger Erklärung fielen die drei Freunde wieder in tiefen Schlaf, der von außen durch nichts gestört werden konnte. Auf der Erdoberfläche spüren die Häuser auch die kleinsten Erschütterungen. Auf dem Meer setzt sich jede Woge in den Schiffsbewegungen fort, und der Ballon in der Luft wird von Luftströmungen hin und her gerissen. Nur dieses Projektil im leeren Raum bot seinen Insassen absolute Ruhe. So hätten die mutigen Mondfahrer vielleicht endlos geschlafen, wären sie nicht 8 h nach dem Abschuss durch ein unerwartetes Geräusch geweckt worden.

»Die Hunde, die Hunde!«, rief Michel Ardan und sprang auf.

»Sie werden Hunger haben«, murmelte Nicholl.

Man suchte und fand das eine Tier verstört unter der Sitzbank kauernd, betäubt von dem Stoß. Es war Diana. Auf Ardans Zuspruch kroch sie aus dem Winkel hervor. »Komm, Diana«, sagte er zärtlich, »dein Schicksal wird in die Annalen der Hundezüchtung eingehen. Die Heiden hätten dich dem Gott Anubis und die Christen dem heiligen Rochus zur Freundin gegeben. Aber die Leistung sämtlicher Bernhardiner verblasst vor dem, was du vollbracht hast, Stamm-Mutter der Selenitenhunde. Auch für dort oben wird Toussenels Ausspruch gelten: ›Im Anfang schuf Gott den Menschen, und da er ihn so schwach sah, gab er ihnen zum Gefährten den Hund.‹ Komm her, mein Tier!«

»Eva ist da«, sagte Barbicane, »aber wo steckt Adam?«

»Weit kann er auch nicht sein.«

Trabant erschien aber nicht. Endlich fand man ihn in einer Verstrebung des Projektils, wohin er beim Start geschleudert worden war. Der Anprall hatte ihm den Schädel zerschlagen; erst als er auf ein weiches Kissen gebettet lag, gab er einen kläglichen Ton von sich. Michel Ardan kümmerte sich liebevoll um ihn und gab ihm zu trinken.

Bald beobachteten die Mondfahrer wieder Erde und Mond. Immer noch erschien ihnen die Erde im Vergleich zum Mond riesengroß. Ihre Beleuchtung war düsterer und ihre Sichel schmaler geworden.

»Mir tut es eigentlich leid, dass wir nicht abflogen, als die Erde in Opposition zur Sonne stand«, sagte Ardan, »Meere und Kontinente wären uns in ganz neuer Beleuchtung erschienen. Vor allem hätte ich gern die Pole sehen mögen, die noch kein Mensch erblickt hat.«

»Dann hätte Neumond sein müssen«, antwortete Barbicane. »Die Erde wäre zwar voll beleuchtet, der Mond aber in der Umstrahlung von der Sonne unsichtbar gewesen. Ich denke, es ist besser, das Ziel deutlich zu sehen als den Startplatz.«

»Sie haben recht, Barbicane«, lenkte Nicholl ein. »Außerdem werden uns die Mondnächte genügend Zeit zur Beobachtung dieser Kugel da unten lassen, auf der es von unseresgleichen nur so wimmelt.«

»Was höre ich da: unseresgleichen?«, ereiferte sich der Franzose. »Wer gleicht uns noch? Wir sind der neue Menschenschlag der Astronauten. Und auch das nur bis zu dem Tag, an dem wir Seleniten werden.«

»Also in 88 h«, sagte der Kapitän.

»Oh, es ist jetzt 8.30 Uhr!«, rief Ardan. »Grund genug zum Frühstück.«

Er leckte sich die Lippen; als Franzose war er selbstverständlich Küchenchef.

Von oben strahlte
der Mond
und von unten
die Sonne.

Das Frühstück begann mit exquisiter Bouillon aus Liebigs Fleischextrakt, der aus bestem argentinischem Rindfleisch hergestellt wird. Danach wurde hydraulisch komprimiertes Beefsteak gereicht. Zart und saftig wie im Café Anglais in Paris. Auf das Fleisch folgte konserviertes Gemüse, und zum Abschluss gab es Tee nach Blättern erster Wahl, die der russische Zar den Mondfahrern dediziert hatte.

Im Vorratsfach fand Ardan »zufällig« eine Flasche *Nuits*; man leerte sie zur Einweihung der Reisestrecke Erde–Mond. Und als sie so die Gläser schwangen, schien auch plötzlich die Sonne, welche dieses köstliche Produkt aus den Weinbergen der Bourgogne hatte reifen lassen, ins Innere des Projektils. Die Mondfahrer waren aus dem Schattenkegel, den der Erdball wirft, heraus.

»Reicht denn der Schattenkegel der Erde nicht weit über den Mond hinaus?«, fragte Ardan.

»Sicherlich, wenn man die Brechung in der Atmosphäre nicht einkalkuliert«, antwortete Barbicane. »Wenn der Mond ganz in diesen Schatten getaucht ist, liegen Sonne, Erde und Mond auf einer Linie. Wären wir bei Mondfinsternis abgefahren, so würde die Fahrt völlig im Dunkeln verlaufen. So aber scheint die Sonne auf unser Projektil und ersetzt Heizung und Beleuchtung.«

Die Kabine war tatsächlich nicht nur hell, sondern auch wärmer geworden, als sei der Winter plötzlich in Hochsommer übergegangen. Von oben strahlte der Mond und von unten die Sonne.

»Hätten wir einen Blumentopf voll Erde hier, dann könnten wir in 24 h schon Erbsen ziehen«, rief Ardan. »Aber mal im Ernst: Werden die Wände unserer Kapsel nicht schmelzen?«

»Nur ruhig Blut«, antwortete Barbicane. »In der Atmosphäre hatten wir noch ganz andere Temperaturen auszuhalten. Ich würde mich nicht wundern, wenn unser Projektil den Zuschauern da unten wie ein feuriger Meteor erschienen ist.«

»Dann ist Maston jetzt überzeugt, wir seien gebraten.«

»Mich wundert es ohnehin, dass wir noch nicht gesotten sind«, antwortete Barbicane. »So viel Reibungshitze hatten wir nicht vorausgesehen.«

»Ich hab so was geahnt ...«, sagte Nicholl.

»Und nichts gesagt. Wie edel!«

Ardan drückte ihm die Hand.

Barbicane richtete unterdessen die Kabine ein, als sollten sie für alle Zeiten darin wohnen. Wir erinnern uns, dass der Fußboden eine Fläche von 5,7 m^2 bedeckte und die Kabine 3,6 m hoch war. Wurde der Raum geschickt ausgenutzt, blieb den drei Insassen genügend Bewegungsfreiheit. Das dicke Bodenfenster war so stabil, dass Barbicane und seine Kameraden ohne Bedenken darauf gehen konnten. Die Sonne, deren Strahlen durch die Linse in die Kabine drangen, erzeugte bizarre Lichteffekte.

Die Wasser- und Lebensmittelbehälter hatten unter dem Stoß nicht gelitten. Sie waren hinreichend abgesichert. Barbicane hatte für den Fall, dass man in einem unfruchtbaren Mondgebiet landen würde, Lebensmittel für ein ganzes Jahr mitgenommen. Wasser und Branntwein reichten für zwei Monate. Nach den neuesten astronomischen Forschungen war die Mondatmosphäre niedrig, aber zumindest in den Tälern dicht genug, dass man mit Sicherheit auf Quellen und Bäche rechnen konnte.

Auch für den Luftvorrat im Projektil war gut gesorgt. Der Sauerstoffapparat von Reiset und Regnault konnte zwei Monate lang mit chlorsaurem Kali arbeiten. Auch die Gasmenge, womit der Apparat geheizt wurde, hatte man einkalkuliert. Er arbeitete automatisch und brauchte keine Wartung: Bei diesen hohen Temperaturen gab das chlorsaure Kali bei seiner Umwandlung in salzsaures Kali allen Sauerstoff frei, den es enthielt. 7 Pfund Oxygen verbrauchten die Insassen pro Tag, und genau diese Menge wurde von der Apparatur täglich erzeugt. Es war allerdings ebenso wichtig, die ausgeatmete Kohlensäure zu vernichten. Seit bereits 12 h vermischte sich dieses giftige Gas mit der Atmosphäre in der Kapsel; als Nicholl die mühsam keuchende Diana bemerkte, machte er die anderen darauf aufmerksam. Wie in der berühmten Hundsgrotte bei Neapel, in der schon Plinius seinen Hund erstickte, verdichtete sich die Kohlensäure am Boden des Projektils. Die arme Diana mit ihrem hängenden Kopf musste früher als ihre Herren unter dem giftigen Gas leiden. Barbicane stellte am Boden sogleich einige Gefäße mit kaustischem Kali auf und schüttelte sie; bald hatte das Kali die Kohlensäure absorbiert, die Luft war wieder rein.

Die Prüfung der Instrumente zeigte, dass bis auf ein kleines Thermometer alles heil geblieben war. Ein Präzisionsinstrument zeigte den Druck und den Feuchtigkeitsgehalt der Luft in der Kabine an. Seine Nadel schwankte jetzt zwischen 765 und 760 mm – und das bedeutet schönes Wetter.

Auch Barbicanes Kompasse waren noch intakt. Bei dieser Entfernung von der Erde hatte der Magnetpol keine Wirkung mehr. Die Nadeln drehten sich nach Belieben. Vielleicht ließ sich auf dem Mond anhand der Bussolen feststellen, ob auch der Erdtrabant magnetischen Einflüssen unterworfen war.

Die anderen Messinstrumente waren ebenfalls unversehrt: ein Hypsometer, um die Höhe der Mondberge zu messen; ein Sextant, um die Höhe der Sterne festzustellen, ein Theodolit zur Landvermessung und zur Horizontwinkelbestimmung; und einige Fernrohre, die man vor der Landung auf den Mond sicher gut gebrauchen konnte.

In den Fächern unter der Kabinendecke lag das übrige Gerät verstaut. Ardan hatte ganze Säcke Körner und junge Bäume eingepackt, denn er wollte versuchen, auf dem Mond Landwirtschaft zu treiben. Was der Franzose sonst noch eingeräumt hatte, wusste man nicht recht, und der Filou hielt auch den Mund. Von Zeit zu Zeit kletterte er in seinen Dachboden, räumte um und verschob mysteriöse Kisten, wobei er mit Falsettstimme alte französische Liedchen sang.

Wie Barbicane befriedigt feststellte, hatten auch seine starken Raketen und Feuerwerke nichts abbekommen. Sie sollten den Sturz des Projektils bremsen, sobald es in das Schwerefeld des

Mondes eingetaucht war. Da die Fallgeschwindigkeit dort oben sechsmal geringer war als auf der Erde, genügten diese verhältnismäßig kleinen Raketen zur Bremsung vollauf.

Der Weltraum bot den gleichen Anblick wie zuvor. Auf der einen Seite erschien die blendende Scheibe der Sonne ohne Lichtkranz wie die Öffnung eines Glutofens, auf der anderen Seite warf der Mond diese Strahlen zurück. Es schien inmitten der Sternenhaufen völlig starr zu sein. Dazwischen zeigte sich ein ziemlich starker Flecken – fast wie ein Loch im Firmament zur Hälfte mit einem silbrigen Rand umsäumt: die Erde. Vom Zenit bis zum Nadir erstreckte sich ein unübersehbarer Ring von Sternenstaub, jene Milchstraße, in deren Mitte unsere Sonne nur als Stern vierter Größe gilt.

Von diesem noch unbekannten Schauspiel konnten sich die Beobachter nicht abwenden. Barbicane entschloss sich unter dem Eindruck der überwältigenden Empfindungen, seinen Reisebericht zu beginnen und die Geschichte des Unternehmens von Anfang an aufzuzeichnen. Er schrieb mit einer starken, spitzen Handschrift. Stilistisch glichen seine Schilderungen eher einem Geschäftsbericht.

Nicholl hatte sich unterdessen wieder in Formeln und Zahlen vertieft. Ardan plauderte bald mit Barbicane, der keine Antwort gab, bald mit Nicholl, der ihm nicht zuhörte, bald mit Diana, die seinen Theorien nicht ganz folgen konnte, und schließlich mit sich selbst, ging hin und her, befasste sich mit tausend Kleinigkeiten und beugte sich über die Bodenluke und starrte hinaus oder hockte im Dachboden; immer sang er halblaut vor sich hin. Er belebte diese kleine Welt mit der Agilität und dem Esprit des Franzosen. Man musste zugeben, dass er seine Nation mit Würde vertrat.

Ein opulentes und geradezu vornehmes Abendessen beendete den Tag – oder vielmehr den Zeitraum von 12 h. Zuversichtlich, ganz im Bewusstsein des bisherigen Erfolges, schliefen die Mondfahrer ein, während das Projektil unbeirrbar durch den Raum zog.

Jules Verne

Vom Zenit bis zum Nadir
erstreckte sich ein unübersehbarer
Ring von Sternenstaub,
jene Milchstraße,
in deren Mitte unsere Sonne
nur als Stern vierter Größe gilt.

Das Lavendelzimmer

19

»UND JETZT?«, fragte Max Jordan nach ihrer Erkundungstour.

Der kleine Lebensmittelladen der Marina und das Crêpes-Bistro am Campingplatz nebenan hatten sich geweigert, Bücher als Zahlungsmittel anzunehmen. Schließlich würden ihre Lieferanten arbeiten und nicht lesen.

»Weiße Bohnen mit Herz und Huhn«, schlug Perdu vor.

»Bitte nicht. Ich könnte weiße Bohnen nur mögen, wenn Sie sehr aufwendige Gehirnoperationen an mir vornähmen.«

Max ließ seinen Blick über die Marina schweifen. Überall saßen Leute auf den Decks, aßen, tranken und unterhielten sich munter.

»Wir werden uns wohl gesellschaftlich einbringen müssen«, beschloss er. »Ich lade uns irgendwo ein. Vielleicht bei dem netten britischen Gentleman?«

»Auf keinen Fall! Das ist Schnorrerei. Das ist –«

Aber Max strebte schon auf ein ganz bestimmtes Hausboot zu.

»Ahoi, die Damen!«, rief er. »Leider sind unsere Vorräte über Bord gegangen und von Katzenwelsen gefressen worden. Haben Sie zufällig noch ein Eckchen Käse für zwei einsame Wanderer?«

Perdu wollte vor Scham schier im Boden versinken. Man konnte doch nicht einfach so Frauen ansprechen! Erst recht nicht, wenn man Hilfe brauchte. Das war nicht ... *richtig*.

»Jordan«, zischte er und hielt den jungen Mann am Ärmel seines blauen Hemdes fest, »ich bitte Sie, das ist mir unangenehm. Wir können die Damen doch nicht einfach stören.«

Max schaute ihn nun genauso an, wie all die anderen immer Jean und Vijaya angestarrt hatten, als sie noch Jugendliche gewesen waren. Die beiden hatten sich in Gegenwart von Büchern so wohl gefühlt wie zwei Äpfel am Baum. Aber in Gegenwart von Menschen, insbesondere Mädchen und Frauen, waren sie als Teenager schüchtern gewesen bis zur Sprachlosigkeit. Partys waren eine Tortur. Und Mädchen anzusprechen kam einer Harakiri-Entleibung gleich.

»Monsieur Perdu, wir wollen etwas essen und revanchieren uns als amüsante Gesellschafter und mit einem harmlosen Flirt.« Er forschte in Perdus Gesicht. »Sie erinnern sich, was das ist? Oder steht das auch in einem Buch, wo es Sie nicht belästigen kann?« Er grinste.

Jean antwortete nicht. Für junge Männer schien es undenkbar zu sein, dass man an den Frauen verzweifeln konnte. Um genau zu sein, wurde es mit zunehmendem Alter immer schlimmer. Je mehr man über Frauen wusste und darüber, was ein Mann in ihren Augen alles falsch machen konnte ... Das fing bei den Schuhen an und hörte bei der korrekten Art des Zuhörens noch lange nicht auf.

Was er als unsichtbarer Zeuge bei den Elternsprechstunden alles zu hören bekommen hatte!

Frauen konnten sich jahrelang mit ihren Freundinnen über die falsche Art »hallo« zu sagen lustig machen. Oder über die falsche Hose. Oder die Zähne. Oder einen Heiratsantrag.

»Ich finde weiße Bohnen wirklich ganz prima«, sagte Perdu.

»Oh, bitte. Wann hatten Sie zuletzt ein Date?«

»Neunzehnhundertzweiundneunzig.« Oder vorgestern, aber Perdu wusste nicht, ob dieses Essen mit Catherine ein »Date« gewesen war. Oder mehr. Oder weniger. »Neunzehnhundertzweiundneunzig? Das war das Jahr meiner Geburt. Das ist ... erstaunlich.« Jordan überlegte. »Okay. Ich verspreche, wir haben kein Date. Wir gehen essen. Bei klugen Frauen. Sie müssen nur

Er beugte den Kopf zurück
und sah über sich etwas zutiefst
Berührendes – den Himmel.

ein paar Komplimente und Gesprächsthemen auf Lager haben, die Frauen mögen. Als Buchhändler dürfte das für Sie doch kein Problem sein. Zitieren Sie halt irgendwas.«

»Na schön«, sagte Perdu. Er stieg noch rasch über den niedrigen Zaun, lief auf eine nahe liegende Wiese und kam wenig später mit einem Arm voll Sommerblumen zurück.

»Das ist ein Zitat«, behauptete er.

Die drei Frauen in den Ringelshirts hießen Anke, Corinna und Ida. Sie waren Deutsche, alle Mitte vierzig, sie liebten Bücher, ihr Französisch war abenteuerlich, und sie reisten über die Flüsse, um »zu vergessen«, wie Corinna sagte.

»Echt? Was denn – doch nicht etwa Männer?«, fragte Max.

»Nicht alle. Nur einen«, sagte Ida. Ihr Mund in ihrem sommersprossigen Zwanziger-Jahre-Filmstargesicht lachte, aber nur zwei Herzschläge lang. Die Augen unter den rothaarigen Ponylocken verrieten Kummer und Hoffnung zugleich.

Anke rührte in einem provenzalischen Risotto. Pilzduft füllte die winzige Kombüse, während die Männer mit Ida und Corinna auf dem Achterdeck der Baluu saßen, Rotwein aus einem Dreiliterkistchen tranken sowie den ortstypischen, mineralischen Auxerrois.

Jean verriet ihnen, dass er Deutsch verstand, die erste Sprache aller Buchhändler. Und so unterhielten sie sich in einem munteren Mischmasch, er antwortete ihnen auf Französisch und stellte seine Fragen in einer Lautmalerei, die zumindest entfernte Ähnlichkeit mit Deutsch besaß.

Es war, als sei er durch eine Tür der Angst gegangen und habe zu seiner Überraschung feststellen müssen, dass hinter dieser Tür nicht der Abgrund wartete – sondern weitere Türen, helle Flure und freundliche Räume. Er beugte den Kopf zurück und sah über sich etwas zutiefst Berührendes – den Himmel. Unbegrenzt von Häusern, Masten, Lichtern war er dicht an dicht mit funkelnden Sternen aller Größen und Intensitäten übersät. Als ob ein Sternenschauer auf das Himmelsfenster geregnet war, so üppig waren die Lichter. Ein Anblick, den kein Pariser je zu sehen bekam, wenn er seine Stadt nicht verließ.

Und da – die Milchstraße. Perdu hatte das schlierige Sternengewölk zum ersten Mal als Kind gesehen, warm eingepackt in Jacke und Wolldecke, auf einer Butterblumenwiese an der bretonischen Küste. Er hatte in den blauschwarzen Nachthimmel gestarrt, stundenlang, während die Eltern auf dem bretonischen Fest-noz in Pont-Aven noch einmal versucht hatten, ihre Ehe zu retten. Immer, wenn eine Sternschnuppe gefallen war, hatte sich Jean Perdu gewünscht, dass Lirabelle Bernier und Joaquin Perdu wieder miteinander lachten anstatt übereinander. Dass sie zu Dudelsack, Geige und Bandoneon Gavotte tanzten, anstatt mit verschränkten Armen am Rande des Tanzbodens zu schweigen.

Entzückt, dass sich der Himmel weiterdrehte, hatte Jean, der Junge, in die weite Dunkelheit hineingeschaut. Er hatte sich in der Tiefe dieser ewigen Sommernacht aufgehoben gefühlt.

Damals, in jenen Stunden, hatte Jean Perdu alle Geheimnisse und Aufgaben des Lebens verstanden. Es war Ruhe in ihm gewesen und alles an seinem Platz.

Er hatte gewusst, dass nichts zu Ende geht. Dass alles im Leben ineinanderfloss. Dass es nichts gab, was er falsch machen konnte.

Dies hatte er später als Mann nur noch ein einziges Mal so intensiv gefühlt. Zusammen mit Manon.

Manon und er hatten die Sterne gesucht, waren immer weiter von den Städten fortgefahren, um die dunkelste Stelle der Provence zu finden. In den Bergen um Sault entdeckten sie jene einsamen Gehöfte, die in Trichtern aus Stein, Schluchten und Felsen versteckt waren, in denen sich Thymian festkrallte. Und dort erst zeigte sich der Sommernachtshimmel ganz und klar und tief.

»Wusstest du, dass wir alle Kinder der Sterne sind?«, hatte Manon ihn gefragt, warm und dicht an seinem Ohr, um die Stille der Berge nicht zu stören.

Er hatte sich in der Tiefe
dieser ewigen Sommernacht
aufgehoben gefühlt.

»Als vor Milliarden Jahren die Sterne implodierten, regnete es Eisen und Silber, Gold und Kohlenstoff. Und das Eisen des Sternenstaubs ist heute in uns. In unseren Mitochondrien. Die Mütter geben die Sterne und ihr Eisen weiter an die Kinder. Du und ich, Jean – wer weiß –, sind vielleicht aus dem Staub ein und desselben Sterns, und wir haben uns an seinem Licht erkannt. Wir haben uns gesucht. Wir sind Sternensucher.«

Er hatte emporgesehen und sich gefragt, ob sie das Licht des toten Sterns, der in ihnen weiterlebte, noch sehen konnten.

Manon und er hatten sich eine funkelnde Himmelsperle ausgesucht. Ein Stern, der noch leuchtete, obgleich er vielleicht schon längst Vergangenheit war.

»Der Tod bedeutet gar nichts, Jean. Wir bleiben immer, was wir füreinander waren.«

Die Himmelsperlen spiegelten sich auf der Yonne. Sterne, die auf dem Fluss tanzten, wiegend, ein jeder einsam, sich nur liebkosend, wenn die Wellen übereinanderbrachen und für einen Lidschlag zwei Lichtperlen aufeinanderlegten.

Jean fand Manons und seinen Stern nicht wieder.

Als Perdu auffiel, dass Ida ihn beobachtete, sah er sie an. Es war kein Blick zwischen Mann und Frau, sondern zwischen Menschen, die auf den Flüssen unterwegs sind, weil sie etwas suchten. Etwas Bestimmtes.

Perdu sah Idas Kummer. Er flackerte in ihren Augen. Jean sah, dass die Rothaarige damit rang, sich mit einer neuen Zukunft anzufreunden, die sich noch nach zweiter Wahl anfühlte. Sie war verlassen worden oder selbst gegangen, bevor sie weggestoßen werden konnte. Der Mensch, der ihr Fixpunkt gewesen war und für den sie vermutlich verzichtet hatte – der lag noch um ihr Lächeln wie ein Schleier.

Wir bewahren alle die Zeit auf. Wir bewahren die alten Ausgaben jener Menschen auf, die uns verlassen haben. Und auch wir sind noch diese alten Ausgaben, unter unserer Haut, unter der Schicht aus Fal-

ten und Erfahrung und Lachen. Genau darunter sind wir noch die Ehemaligen. Das ehemalige Kind, der ehemalige Geliebte, die ehemalige Tochter.

Ida suchte hier auf den Flüssen keinen Trost – sie suchte sich. Ihren Platz in dieser neuen, unbekannten, noch zweitklassigen Zukunft. Sie allein.

»Und du?«, fragten ihre Augen. »Und du, Fremder?«

Perdu wusste nur, dass er zu Manon wollte, um sie um Verzeihung zu bitten für seine eitle Dummheit.

Und dann sagte Ida plötzlich: »Ich wollte gar nicht frei sein. Ich wollte mich nicht um ein neues Leben kümmern müssen. Es war mir genau so recht. Vielleicht liebte ich meinen Mann nicht so, wie es in Büchern steht. Aber es war nicht schlecht. Nicht schlecht ist gut genug. Es reicht, um zu bleiben. Um nicht zu betrügen. Um nichts zu bereuen. Nein, ich bereue sie nicht, die kleine Liebe meines Lebens.«

Anke und Corinna sahen ihre Freundin liebevoll an, und Corinna fragte: »War das die Antwort auf meine Frage von gestern? Warum du ihn nicht längst verlassen hast, wo er doch nie deine große Liebe war?«

Die kleine Liebe. Die große Liebe. Eigentlich grausam, dass es sie in mehreren Formaten gab. Oder?

Wenn Jean Ida ansah, die ihr voriges Leben nicht bereute, ehrlich nicht bereute, war er sich nicht mehr sicher.

»Und ... wie sah *er* eure Zeit?«, fragte er dann doch.

»Ihm war die kleine Liebe nach fünfundzwanzig Jahren zu wenig. Er hat nun seine große Liebe gefunden. Sie ist siebzehn Jahre jünger als ich und gelenkig, die kann sich die Fußnägel mit dem Pinsel im Mund lackieren.«

Corinna und Anke prusteten los, dann lachte auch Ida.

Später spielten sie Karten. Zu Mitternacht brachte ein Radiosender Swing. Das fröhliche »Bei mir biste scheen«, das träumerische »Cape Cod« und dann auch Louis Armstrongs wehmütiges »We have all the time in the world«.

Er sah bei jedem Lied Manon
gehen und liegen und lesen,
tanzen für sich, tanzen für ihn.
Er sah sie schlafen und träumen
und ihm den Lieblingskäse
vom Teller ziehen.

Max Jordan tanzte mit Ida oder bewegte zumindest seine Füße millimeterweise –, und Corinna und Anke tanzten miteinander. Jean hielt sich am Stuhl fest.

All diese Lieder hatte er zuletzt gehört, als Manon noch lebte.

Wie scheußlich es sich dachte, dieses »als sie noch lebte«.

Als Ida sah, wie Perdu um Fassung rang, flüsterte sie Max etwas zu und schob ihn aus ihrem Arm.

»Na komm«, sagte sie dann zu Jean.

Es war gut, dass er nicht allein war bei der Wiederbegegnung mit dieser Musik, die so viele Erinnerungen gebar.

Denn es machte ihn immer noch fassungslos, dass Manon fort war, während die Lieder, die Bücher, das Leben einfach weiterexistierten.

Wie konnten sie nur.

Wie konnte das alles nur einfach … weitergehen!

Wie sehr er sich doch fürchtete vor dem Tod. Und vor dem Leben. Vor all den Tagen ohne Manon, die noch vor ihm lagen.

Er sah bei jedem Lied Manon gehen und liegen und lesen, tanzen für sich, tanzen für ihn. Er sah sie schlafen und träumen und ihm den Lieblingskäse vom Teller ziehen.

»Wolltest du deswegen dein restliches Leben ohne Musik verbringen? Aber, Jean! Du hast Musik so geliebt. Du hast gesungen, für mich, wenn ich Angst hatte, einzuschlafen und Zeit mit dir zu versäumen. Du hast Lieder gedichtet, auf meine Finger und Zehen und auf meine Nase. Du bist Musik, Jean, durch und durch – wie konntest du dich nur so töten?«

Ja, wie wohl. Übung, natürlich.

Jean spürte den streichelnden Wind, hörte das Lachen der Frauen, er hatte einen leichten Schwips – und war erfüllt von einer sprachlosen Dankbarkeit, dass Ida ihn hielt.

Manon hat mich geliebt. Und diese Sterne, dort oben, haben uns zusammen gesehen.

Nina George

Der Mond

VORZEITEN GAB ES EIN LAND, wo die Nacht immer dunkel und der Himmel wie ein schwarzes Tuch darüber gebreitet war, denn es ging dort niemals der Mond auf, und kein Stern blinkte in der Finsternis. Bei Erschaffung der Welt hatte das nächtliche Licht ausgereicht. Aus diesem Land gingen einmal vier Burschen auf die Wanderschaft und gelangten in ein anderes Reich, wo abends, wenn die Sonne hinter den Bergen verschwunden war, auf einem Eichbaum eine leuchtende Kugel stand, die weit und breit ein sanftes Licht ausgoss. Man konnte dabei alles wohl sehen und unterscheiden, wenn es auch nicht so glänzend wie die Sonne war. Die Wanderer standen still und fragten einen Bauern, der da mit seinem Wagen vorbeifuhr, was das für ein Licht sei. »Das ist der Mond«, antwortete dieser, »unser Schultheiß hat ihn für drei Taler gekauft und an dem Eichbaum befestigt. Er muss täglich Öl aufgießen und ihn rein erhalten, damit er immer hell brennt. Dafür erhält er von uns wöchentlich einen Taler.«

Als der Bauer weggefahren war, sagte der eine von ihnen: »Diese Lampe könnten wir brauchen, wir haben daheim einen Eichbaum, der ebenso groß ist, daran können wir sie hängen. Was für eine Freude, wenn wir nachts nicht in der Finsternis herumtappen!« »Wisst ihr, was?«, sprach der Zweite. »Wir wollen Wagen und Pferde holen und den Mond wegführen. Sie können sich hier einen andern kaufen.« »Ich kann gut klettern«, sprach der Dritte, »ich will ihn schon herunterholen!« Der Vierte brachte einen Wagen mit Pferden herbei, und der Dritte stieg den Baum hinauf, bohrte ein Loch in den Mond, zog ein Seil hindurch und ließ ihn herab. Als die glänzende Kugel auf dem Wagen lag, deckten sie ein Tuch darüber, damit niemand den Raub bemerken sollte. Sie brachten ihn glücklich in ihr Land und stellten ihn auf eine hohe Eiche. Alte und Junge freuten sich, als die neue Lampe ihr Licht über alle Felder leuchten ließ und Stuben und Kammern damit erfüllte. Die Zwerge kamen aus den Felsenhöhlen hervor, und die kleinen Wichtelmänner tanzten in ihren roten Röckchen auf den Wiesen den Ringeltanz.

Die Vier versorgten den Mond mit Öl, putzten den Docht und erhielten wöchentlich ihren Taler. Aber sie wurden alte Greise, und als der eine erkrankte und seinen Tod voraussah, verordnete er, dass der vierte Teil des Mondes als sein Eigentum ihm mit in das Grab sollte gegeben werden. Als er gestorben war, stieg der Schultheiß auf den Baum und schnitt mit der Heckenschere ein Viertel ab, das in den Sarg gelegt ward. Das Licht des Mondes nahm ab, aber noch nicht merklich. Als der Zweite starb, ward ihm das zweite Viertel mitgegeben, und das Licht minderte sich. Noch schwächer ward es nach dem Tod des Dritten, der gleichfalls seinen Teil mitnahm, und als der Vierte ins Grab kam, trat die alte Finsternis wieder ein. Wenn die Leute abends ohne Laterne ausgingen, stießen sie mit den Köpfen zusammen.

Als aber die Teile des Monds in der Unterwelt sich wieder vereinigten, so wurden dort, wo immer Dunkelheit geherrscht hatte, die Toten unruhig und erwachten aus ihrem Schlaf. Sie erstaunten, als sie wieder sehen konnten: Das Mondlicht war ihnen genug, denn ihre Augen waren so schwach geworden, dass sie den Glanz der Sonne nicht ertragen hätten. Sie erhoben sich, wurden lustig und nahmen ihre alte Lebensweise wieder an. Ein Teil ging zum Spiel und Tanz, andere liefen in die Wirtshäuser, wo sie Wein forderten, sich betranken, tobten und zankten und endlich ihre Knüppel aufhoben und sich prügelten. Der Lärm ward immer ärger und drang endlich bis in den Himmel hinauf.

Der heilige Petrus, der das Himmelstor bewacht, glaubte, die Unterwelt wäre in Aufruhr geraten, und rief die himmlischen Heerscharen zusammen, die den bösen Feind, wenn er mit seinen Gesellen den Aufenthalt der Seligen stürmen wollte, zurückjagen sollten. Da sie aber nicht kamen, so setzte er sich auf sein Pferd und ritt durch das Himmelstor hinab in die Unterwelt. Da brachte er die Toten zur Ruhe, hieß sie sich wieder in ihre Gräber legen und nahm den Mond mit fort, den er oben am Himmel aufhängte.

Brüder Grimm

VON
Schlaf-
MÜTZEN

Vollmond

Leise schwimmt der Mond durch mein Blut ...
Schlummernde Töne sind die Augen des Tages
Wandelhin – taumelher –

Ich kann deine Lippen nicht finden ...
Wo bist du, ferne Stadt
mit den segnenden Düften?

Langsam senken sich meine Lider
über die Welt – alles schläft.

Und hinter dem Mittag beugt sich
ein alter, traumweißer Wind
und bläst die Sonne aus.

Else Lasker-Schüler

Unsere Seelen bei Nacht

1.

UND DANN KAM DER TAG, an dem Addie Moore bei Louis Waters klingelte. Es war an einem Abend im Mai, kurz bevor es endgültig dunkel wurde.

Sie wohnten einen Häuserblock voneinander entfernt in der Cedar Street, im ältesten Teil der Stadt. Ulmen, Zürgelbäume und ein einzelner hoher Ahorn säumten die Straße und die grünen Rasenflächen vor den einstöckigen Häusern. Es war ein warmer Tag gewesen, doch jetzt am Abend kühlte es ab. Sie ging auf dem Bürgersteig unter den Bäumen entlang und bog zu Louis' Haus ab.

Als er ihr die Tür aufmachte, fragte sie: Könnte ich kurz reinkommen und etwas mit dir besprechen?

Sie setzten sich ins Wohnzimmer. Möchtest du etwas trinken? Eine Tasse Tee?

Nein, danke. Vielleicht bleibe ich nicht lange genug, um ihn auszutrinken. Sie sah sich um. Du hast es schön hier.

Diane hat das Haus immer gut in Schuss gehalten. Und ich gebe mir Mühe.

Es ist immer noch schön. Ich war seit Jahren nicht mehr hier.

Ihr Blick schweifte aus dem Fenster an der Seite des Hauses, wo es jetzt Nacht wurde, und dann in die Küche. Über der Spüle und den Arbeitsflächen brannte schon Licht. Alles wirkte sauber und ordentlich.

Er beobachtete sie. Eine attraktive Frau, das hatte er schon immer gedacht. In jüngeren Jahren hatte sie dunkles Haar gehabt, jetzt war es weiß und kurz geschnitten. Nach wie vor hatte sie eine gute Figur, nur um Taille und Hüften war sie ein wenig fülliger als früher.

Wahrscheinlich fragst du dich, was ich von dir will, sagte sie.

Nun ja, vermutlich bist du nicht hergekommen, um mir zu sagen, dass ich es hier schön habe.

Nein. Ich wollte dir einen Vorschlag machen.

Ach ja?

Ja, so etwas wie einen Antrag.

Okay.

Keinen Heiratsantrag.

Das hätte ich auch nicht erwartet.

Aber es geht in die Richtung. Nur weiß ich jetzt nicht, ob ich es schaffe. Ich kriege plötzlich kalte Füße. Sie lachte ein bisschen. Es ist tatsächlich wie bei einem Heiratsantrag, nicht?

Was denn?

Kalte Füße.

Schon möglich.

Ja. Also, ich sag es jetzt einfach.

Ich höre, antwortete Louis.

Ich wollte fragen, ob du dir vorstellen könntest, hin und wieder zu mir zu kommen und bei mir zu schlafen.

Was? Wie meinst du das?

Ich meine, dass wir beide allein sind. Wir sind schon viel zu lange uns selbst überlassen. Seit Jahren. Ich bin einsam. Ich dachte, du vielleicht auch. Deshalb wollte ich fragen, ob du zu mir kommen und bei mir übernachten würdest. Und mit mir reden.

Er starrte sie an, betrachtete sie. Neugierig. Vorsichtig.

Du sagst ja gar nichts. Hat es dir die Sprache verschlagen?, fragte sie.

Ich glaube, ja.

Es geht nicht um Sex.

Das fragte ich mich gerade.

Nein, kein Sex. Das meine ich nicht. Ich habe schon lange keine Lust auf Sex mehr. Ich spreche davon, die Nacht zu überstehen. Es gemütlich und warm zu haben. Zusammen im Bett zu liegen, die ganze Nacht. Die Nächte sind am schlimmsten. Findest du nicht?

Doch. Das finde ich auch.

Am Ende nehme ich eine Tablette, um einzuschlafen, lese viel zu lange, und am nächsten Tag bin ich zu nichts zu gebrauchen. Keine Freude, weder für mich noch für den Rest der Welt.

Das kenne ich.

Aber ich glaube, dass ich wieder schlafen könnte, wenn jemand bei mir im Bett läge. Jemand, der nett ist. Wegen der Nähe. Wir könnten reden, in der Nacht, im Dunkeln. Sie wartete. Was meinst du?

Ich weiß nicht. Wann willst du denn damit anfangen?

Wann du willst. Falls du überhaupt willst, setzte sie hinzu. Diese Woche.

Lass mich darüber nachdenken.

Gut. Aber ruf mich an, wenn du kommst. Falls du kommen willst. Damit ich mich darauf einstellen kann.

Gut.

Dann warte ich auf deinen Anruf.

Und wenn ich schnarche?

Dann schnarchst du eben, oder du lernst, damit aufzuhören.

Er lachte. Das wäre was ganz Neues.

Sie stand auf und machte sich auf den Heimweg, und er stand in der Tür und sah ihr nach, einer mittelgroßen siebzigjährigen Frau mit weißem Haar, die unter den Bäumen davonging, durch die Lichtflecken, die die Straßenlaterne an der Ecke warf.

Ach, zum Teufel, sagte er. Jetzt bilde dir mal bloß nichts ein.

Aber ich glaube, dass ich
wieder schlafen könnte,
wenn jemand bei mir im
Bett läge. Jemand, der
nett ist. Wegen der Nähe.

2.

Am nächsten Tag ging Louis zum Friseur in der Main Street, ließ sich das Haar raspelkurz schneiden, zu einer Art Igelschnitt, und fragte den Friseur, ob er seine Kunden auch rasiere. Der Friseur sagte Ja, und so ließ er sich obendrein eine Rasur verpassen. Dann ging er nach Hause, rief Addie an und sagte: Ich würde gern heute Abend vorbeikommen, wenn das noch gilt.

Ja, es gilt, sagte sie. Ich freue mich.

Nach einem leichten Abendessen, nur ein Sandwich und ein Glas Milch, damit er sich in ihrem Bett nicht zu voll und schwer fühlen würde, nahm er eine lange, heiße Dusche und schrubbte sich gründlich ab. Dann schnitt er Finger- und Fußnägel, und als es dunkel war, verließ er mit seinem Pyjama und der Zahnbürste in einer Papiertüte das Haus durch die Hintertür und folgte dem kleinen Seitenweg. Hier war es dunkel, und seine Schuhe knirschten auf dem Kies. In dem Haus auf der anderen Seite brannte Licht; er sah das Profil einer Frau, die an der Spüle stand. Er ging weiter bis zu Addie Moores Garten, an der Garage vorbei, und klopfte an die Hintertür. Dann wartete er eine Weile. Vorn auf der Straße fuhr ein Wagen mit erleuchteten Scheinwerfern vorbei. Er hörte, wie sich in der Main Street die Highschool-Kids gegenseitig zuhupten. Dann flammte das Außenlicht über seinem Kopf auf, und die Tür öffnete sich.

Was machst du denn hier hinten?, fragte Addie.

Ich dachte, hier würde mich vermutlich keiner sehen.

Das ist mir gleich. Es kommt ohnehin raus. Irgendwer wird es mitkriegen. Komm lieber über den Bürgersteig, zur Vordertür. Ich habe mir das genau überlegt – es ist mir egal, was die Leute denken. Viel zu lange habe ich darauf geachtet, mein ganzes Leben lang. Aber damit ist jetzt Schluss. Wenn du von hinten über den Seitenweg kommst, wirkt es, als würden wir etwas Unrechtes oder Ungehöriges tun, etwas, wofür man sich schämen muss.

Ich war einfach zu lange Lehrer in einer Kleinstadt, sagte er. Das ist wohl der Grund. Aber gut. Nächstes Mal komme ich zur Vordertür. Falls es ein nächstes Mal gibt.

Glaubst du nicht?, fragte sie. Meinst du, es wird bloß ein One-Night-Stand?

Das weiß ich nicht. Vielleicht. Ohne den sexuellen Teil, natürlich. Ich weiß nicht, wie es laufen wird.

Hast du kein Vertrauen?, fragte sie.

In dich, ja. Dir kann ich vertrauen. Das sehe ich jetzt schon. Aber ich weiß nicht, ob ich dir gewachsen bin.

Was redest du da? Wie meinst du das?

Dein Mut, sagte er. Deine Risikobereitschaft.

Tja, immerhin bist du gekommen.

Stimmt. Hier bin ich.

Dann komm am besten rein. Wir müssen ja nicht die ganze Nacht draußen stehen. Selbst wenn es nichts ist, wofür man sich schämen müsste.

Er folgte ihr über die Veranda in die Küche.

Nehmen wir erst mal einen Drink, schlug sie vor.

Hört sich gut an.

Trinkst du Wein?

Hin und wieder.

Aber Bier wäre dir lieber?

Ja.

Dann besorge ich für nächstes Mal Bier. Und dann setzte sie hinzu: Falls es ein nächstes Mal gibt.

Er wusste nicht, ob sie ihn aufziehen wollte. Falls, wiederholte er.

Hättest du lieber Rot- oder Weißwein?

Weißwein, bitte.

Sie nahm eine Flasche aus dem Kühlschrank und schenkte jedem von ihnen ein halbes Glas ein. Dann setzten sie sich an den Küchentisch. Was hast du in der Tüte?, fragte sie.

Meinen Pyjama.

Das heißt, du willst es wenigstens einmal ausprobieren.

Ja, richtig.

Sie tranken den Wein.

Noch ein Glas?

Nein, ich glaube nicht. Könnten wir einmal durchs Haus gehen?

Du möchtest, dass ich dir die Zimmer und die Aufteilung zeige?

Ich würde nur gern wissen, wo ich überhaupt bin.

Damit du dich notfalls im Dunkeln rausschleichen kannst.

Also, nein, daran dachte ich eigentlich nicht.

Sie stand auf, und er folgte ihr ins Ess- und dann ins Wohnzimmer. Anschließend führte sie ihn nach oben zu drei weiteren Zimmern. Das große nach vorn heraus mit Blick auf die Straße war ihres. Das war früher unser Schlafzimmer, sagte sie. Gene hatte das Zimmer nach hinten heraus, und das andere nutzten wir als Arbeitszimmer.

Am Ende des Flurs lag das Badezimmer, und unten neben dem Esszimmer gab es noch eine Gästetoilette. Auf dem riesigen Bett in ihrem Zimmer lag eine leichte Baumwolldecke.

Und, was meinst du?, fragte sie.

Das Haus ist größer, als ich dachte. Mehr Zimmer.

Es war ein gutes Haus für uns. Ich wohne seit vierundvierzig Jahren hier.

Drei Jahre nachdem Diane und ich wieder hierher zurückkamen.

Eine Ewigkeit.

3.

Ich glaube, ich gehe noch kurz ins Bad, sagte sie. Als sie aus dem Zimmer war, betrachtete er die Bilder auf ihrer Kommode und an der Wand. Hochzeitsfotos mit Carl und der ganzen Familie, auf den Stufen irgendeiner Kirche. Die beiden in den Bergen an einem Bach. Ein kleiner schwarz-weißer Hund. Er hatte Carl nur flüchtig gekannt, ein anständiger Mann, eher ruhig. Vor zwanzig Jahren hatte er in ganz Holt County Agrar- und andere Versicherungen verkauft und war zweimal hintereinander zum Bürgermeister der Stadt gewählt worden. Louis hatte ihm nicht wirklich nahegestanden. Jetzt war er froh darüber. Es gab auch Fotos von ihrem Sohn. Gene sah keinem von beiden ähnlich. Ein hochgewachsener, schmaler Typ, sehr ernst. Und dann waren da noch zwei Bilder von ihrer Tochter als kleinem Mädchen.

Als sie zurückkam, sagte er: Ich gehe auch noch mal ins Bad. Er benutzte die Toilette und wusch sich sorgfältig die Hände, quetschte einen Klacks ihrer Zahnpasta aus der Tube und putzte sich die Zähne, dann zog er sich aus und schlüpfte in seinen Pyjama. Er faltete seine Kleider zusammen, legte sie in einer Ecke hinter der Tür über die Schuhe und ging zurück ins Schlafzimmer. Sie trug jetzt ein Nachthemd und war schon im Bett. Die Nachttischlampe neben ihr brannte, die Deckenlampe war aus und das Fenster einen Spaltbreit geöffnet. Eine kühle, sanfte Brise strich herein. Er stand neben dem Bett. Sie schlug Laken und Decke zurück.

Willst du dich nicht hinlegen?

Ich überlege noch.

Dann kam er ins Bett, streckte sich auf seiner Seite aus und zog die Bettdecke hoch. Bislang hatte er noch kein Wort gesagt.

Was denkst du, fragte sie. Du bist so furchtbar still.

Wie seltsam das ist. Wie neu es sich anfühlt, hier zu sein. Wie unsicher ich mich fühle, und irgendwie auch nervös. Ich weiß nicht, was ich denke. Alles Mögliche.

Ja, es ist neu, sagte sie. Auf gute Art neu, würde ich sagen. Findest du nicht?

Doch.

Was machst du denn normalerweise vor dem Einschlafen?

Ach, ich sehe mir die Zehn-Uhr-Nachrichten an, dann gehe ich ins Bett und lese, bis ich müde werde. Aber ich weiß nicht, ob ich heute Nacht schlafen kann. Ich bin zu aufgedreht.

Ich mache das Licht aus, sagt sie. Wir können uns ja trotzdem unterhalten. Sie drehte sich halb im Bett um, und er sah ihre nackten weichen Schultern und das helle Haar unter der Lampe.

Dann war es dunkel, nur das Licht von der Straße fiel schwach in den Raum. Sie sprachen über banale Dinge, wurden ein biss-

Aber ich weiß nicht,
ob ich heute Nacht
schlafen kann.
Ich bin zu aufgedreht.

chen vertrauter miteinander, unterhielten sich über die üblichen alltäglichen Geschehnisse in der Stadt, die Gesundheit einer alten Dame namens Ruth, die zwischen ihren beiden Häusern wohnte, und das Pflaster in der Birch Street. Dann verstummten sie.

Nach einer Weile fragte er: Bist du noch wach?

Ja.

Du hast gefragt, was ich denke. Ein Gedanke war: Ich bin froh, dass ich Carl nicht so gut kannte.

Warum?

Dann würde ich mich hier nicht so wohl fühlen wie jetzt gerade.

Aber ich kannte Diane ganz gut.

Eine Stunde später schlief sie und atmete ruhig. Er war immer noch wach. Er betrachtete sie schon eine Weile. Im fahlen Licht konnte er ihr Gesicht erkennen. Sie hatten einander kein einziges Mal berührt. Um drei Uhr morgens stand er auf, ging ins Badezimmer und schloss das Fenster, als er zurückkehrte. Es war Wind aufgekommen.

Bei Tagesanbruch stand er auf, zog sich im Badezimmer an und sah noch einmal nach Addie Moore, die nach wie vor im Bett lag. Sie war jetzt wach. Bis später, sagte er.

Meldest du dich?

Ja.

Dann ging er hinaus auf den Bürgersteig und an den Nachbarhäusern vorbei nach Hause. Dort machte er sich Kaffee, aß Eier mit Toast und ging dann hinaus, um ein paar Stunden im Garten zu arbeiten, ehe er in die Küche zurückkehrte, früh zu Mittag aß und anschließend zwei Stunden tief und fest schlief.

4.

Als er nachmittags aufwachte, war er krank. Er stand auf, trank ein Glas Wasser und fühlte sich fiebrig. Eine Weile dachte er nach und beschloss dann, sie anzurufen. Am Telefon sagte er: Ich bin gerade von einem Mittagsschlaf aufgewacht und fühle mich nicht gut, ich habe Magenschmerzen und auch irgendetwas im

Rücken. Es tut mir leid. Aber heute Abend kann ich nicht kommen.

Verstehe, sagte sie und legte auf.

Er rief bei seinem Hausarzt in der Praxis an und vereinbarte einen Termin für den nächsten Morgen. Am Abend ging er früh zu Bett, die ganze Nacht hatte er Schweißausbrüche und konnte nicht schlafen. Am nächsten Morgen hatte er keinen Appetit auf Frühstück, ging um zehn zum Arzt, und der schickte ihn ins Krankenhaus, damit man ihm Blut und Urin abnahm. Dort wartete er in der Eingangshalle, bis das Labor die Tests ausgewertet hatte. Sie behielten ihn gleich da, die Diagnose lautete: Harnwegsinfektion.

Man gab ihm Antibiotika. Er schlief den größten Teil des Nachmittags und war dann wieder fast die ganze Nacht wach. Am nächsten Morgen ging es ihm besser, und man sagte ihm, dass er wahrscheinlich am nächsten Tag entlassen würde. Er frühstückte, aß zu Mittag und nickte dann ein. Als er gegen drei aufwachte, saß sie in einem Sessel neben seinem Bett. Er sah sie an.

Es war also kein Scherz, sagte sie.

Hast du das geglaubt?

Ich dachte, du schiebst das Unwohlsein nur vor, weil du doch nicht bei mir übernachten willst.

Das habe ich befürchtet.

Ich dachte, es geht wohl einfach nicht, sagte sie.

Ich habe gestern den ganzen Tag an dich gedacht und letzte Nacht und heute wieder, sagte er.

Was hast du gedacht?

Dass du meinen Anruf missverstehen könntest. Und wie ich dir klarmachen soll, dass ich weiterhin abends rüberkommen und mit dir zusammen sein will. Dass mich das mehr interessiert als vieles andere seit langer Zeit.

Warum hast du mich dann nicht angerufen und mir das gesagt?

Ich dachte, dass es alles noch schlimmer machen würde, dass es noch mehr so klänge, als würde ich das alles erfinden.

Ich wünschte, du hättest es versucht.

Hätte ich wohl tun sollen. Wie hast du herausgefunden, dass ich im Krankenhaus bin?

Ich habe heute Morgen mit Ruth von nebenan gesprochen, und sie sagte: Hast du das mit Louis gehört? Was denn, habe ich gefragt. Er ist im Krankenhaus. Was hat er denn? Irgendeine Infektion, heißt es. Da wusste ich Bescheid, antwortete sie.

Ich werde dich nicht belügen, sagte er.

Na gut. Keiner von uns wird den anderen belügen. Dann kommst du also wieder?

Sobald es mir besser geht und ich sicher bin, das hier überstanden zu haben. Es ist schön, dich zu sehen, sagte er.

Danke. Du wirkst ziemlich mitgenommen.

Ich hatte noch keine Zeit, mich frisch zu machen.

Sie lachte. Das ist mir egal, sagte sie. Das meinte ich nicht. Es war bloß ein Kommentar, eine Beobachtung.

Nun, dafür siehst du umso besser aus, sagte er.

Hast du deine Tochter angerufen?

Ich habe ihr gesagt, sie soll sich keine Sorgen machen, dass ich in ein oder zwei Tagen wieder draußen bin, kein Grund zur Beunruhigung. Dass sie sich deswegen nicht extra freinehmen muss. Ich brauche sie jetzt nicht hier. Sie wohnt in Colorado Springs.

Ich weiß.

Sie arbeitet als Lehrerin, so wie ich auch früher. Dann schwieg er kurz. Möchtest du etwas trinken? Ich kann die Schwester fragen.

Nein. Ich gehe jetzt nach Hause.

Ich rufe dich an, wenn ich wieder zu Hause bin und es mir besser geht.

Gut, sagte sie. Ich habe schon Bier gekauft.

Sie ging, und er sah ihr nach, als sie das Zimmer verließ. Er lag im Bett und wartete darauf, dass er wieder einschlief, doch dann brachte man ihm das Abendbrot, und er sah sich beim Essen die Nachrichten an. Später schaltete er den Fernseher aus und blickte aus dem Fenster. Draußen, über der weiten Ebene westlich der Stadt, wurde es dunkel.

5.

Am nächsten Nachmittag wurde er aus dem Krankenhaus entlassen. Doch es war wohl doch schlimmer gewesen, als die Ärzte angenommen hatten.

Es dauerte fast eine Woche, bis er sich wieder erholt hatte und sich wohl genug fühlte, um sie zu fragen, ob er an diesem Abend vorbeikommen solle.

Warst du so lange krank?

Ja. Ich weiß auch nicht, warum es so lange gedauert hat.

Er duschte, rasierte sich, benutzte sein Aftershave, und am Abend nahm er die Papiertüte mit dem Pyjama und der Zahnbürste, ging vorn an den Häusern der Nachbarn vorbei und klopfte an ihre Tür.

Addie machte ihm sofort auf. Du siehst schon viel besser aus. Komm rein. Sie hatte sich das Haar aus dem Gesicht gebürstet; es stand ihr gut.

Wie beim ersten Mal setzten sie sich an den Küchentisch, tranken etwas und unterhielten sich eine Weile. Dann sagte sie: Wir könnten uns jetzt hinlegen, was meinst du?

Ja.

Sie stellten die Gläser in die Spüle, und er folgte ihr nach oben. Er ging ins Badezimmer, zog den Pyjama an und legte seine zusammengefalteten Kleider in die Ecke. Als er ins Schlafzimmer kam, war sie schon im Nachthemd und saß aufrecht im Bett. Sie zog die Decke zurück, und er legte sich neben sie.

Du hast letztes Mal deinen Pyjama nicht hiergelassen. Deshalb dachte ich auch, dass du wahrscheinlich nicht wiederkommen würdest.

Ich fand, es hätte vermessen gewirkt. Als hielte ich es für selbstverständlich. Wir hatten uns ja noch nicht wirklich darüber unterhalten.

Nun, in Zukunft kannst du deinen Pyjama und die Zahnbürste hierlassen, sagte sie.

Das spart eine Menge Papiertüten, sagte er.

Ja. Genau. Gibt es irgendwas, worüber du sprechen möchtest?, fragte sie. Also, nichts Besonderes. Nur um mit dem Reden anzufangen.

Vor allem hätte ich eine Menge Fragen.

Ich habe auch ein paar, sagte sie. Fang du an.

Ich habe mich gefragt, warum ausgerechnet ich. Wir kennen uns doch kaum.

Glaubst du etwa, ich würde den Erstbesten nehmen? Dass ich bloß irgendjemanden brauche, der mich nachts warm hält? Irgendeinen alten Mann, mit dem ich reden kann?

Das habe ich nicht gedacht. Aber mir ist nicht klar, warum gerade ich.

Tut es dir leid?

Nein. Ganz und gar nicht. Ich bin bloß neugierig. Ich habe darüber nachgedacht.

Weil ich glaube, dass du ein guter Mann bist. Ein freundlicher Mann.

Das hoffe ich.

Ich glaube, es stimmt. Und ich habe immer gedacht, dass du jemand bist, den ich wirklich gernhaben und mit dem ich mich unterhalten könnte. Wie hast du denn an mich gedacht – wenn überhaupt?

Doch, ich habe an dich gedacht, sagte er.

Wie denn?

Wie an eine gut aussehende Frau. Jemand mit Substanz. Charakter.

Wie kommst du darauf?

Es ist die Art, wie du lebst, sagte er. Wie du dein Leben geregelt hast, nach Carls Tod. Das war eine schlimme Zeit für dich. Deswegen komme ich darauf. Ich weiß, wie es für mich war, als meine Frau starb, und ich habe gesehen, dass du es besser gemacht hast als ich. Das habe ich bewundert.

Du bist aber nie vorbeigekommen oder hast mich darauf angesprochen, wandte sie ein.

Ich wollte nicht aufdringlich sein.

Wärst du nicht gewesen. Ich war sehr einsam.

Das dachte ich mir. Trotzdem habe ich nichts unternommen.

Was möchtest du sonst noch wissen?

Wo du herkommst. Wo du aufgewachsen bist. Wie du als kleines Mädchen warst. Wie deine Eltern waren. Ob du Brüder oder Schwestern hast. Wie du Carl kennengelernt hast. Wie die Beziehung zu deinem Sohn ist. Warum ihr nach Holt gezogen seid. Wer deine Freunde sind. Woran du glaubst. Welche Partei du wählst.

Wir werden eine Menge Spaß haben beim Reden, meinst du nicht?, sagte sie. All das will ich auch über dich wissen.

Wir müssen ja nichts überstürzen, sagte er.

Nein, wir haben Zeit.

Sie drehte sich auf die Seite, um die Lampe auszuknipsen, und wieder sah er ihr helles Haar und ihre nackten Schultern im Licht. Dann tastete sie im Dunkeln nach seiner Hand, sagte Gute Nacht und war bald darauf eingeschlafen. Es verblüffte ihn, wie schnell sie einschlafen konnte.

Kent Haruf

Dann tastete
sie im Dunkeln
nach seiner Hand,
sagte Gute Nacht
und war bald darauf
eingeschlafen.

Auf der Suche nach der verlorenen Zeit

ERSTER TEIL
COMBRAY
I.

Lange Zeit bin ich früh schlafen gegangen. Manchmal, die Kerze war kaum gelöscht, fielen mir die Augen so rasch zu, daß keine Zeit blieb, mir zu sagen: Ich schlafe ein. Und eine halbe Stunde später weckte mich der Gedanke, daß es Zeit sei, den Schlaf zu suchen; ich wollte das Buch fortlegen, das ich noch in Händen zu halten wähnte, und das Licht ausblasen; im Schlaf hatte ich weiter über das eben Gelesene nachgedacht, dieses Nachdenken aber hatte eine eigentümliche Wendung genommen: mir war, als sei ich selbst es, wovon das Buch sprach – eine Kirche, ein Quartett, die Rivalität zwischen Franz I. und Karl V. Diese Vorstellung hielt noch einige Sekunden nach meinem Erwachen an; mein Verstand stieß sich nicht an ihr, doch lag sie mir wie Schuppen auf den Augen und hinderte diese zu erkennen, daß die Leuchte nicht mehr brannte. Dann wurde sie mir immer unbegreiflicher, wie nach der Seelenwanderung das in einer früheren Existenz Gedachte; das Thema des Buches löste sich von mir, ich war frei, mich damit zu befassen oder nicht; bald gewann ich mein Sehvermögen zurück und war höchst erstaunt, um mich her eine Dunkelheit vorzufinden, die für meine Augen, aber mehr noch vielleicht für meinen Geist angenehm und erholsam war, dem sie wie etwas Grundloses, Unbegreifliches, wie etwas wahrhaft Dunkles erschien. Ich fragte mich, wie spät es wohl sei, ich hörte das Pfeifen der Züge, das bald nah, bald fern wie der Gesang eines Vogels im Wald die Entfernungen deutlich machte und mir die Weite des öden Landes beschrieb, wo der Reisende der nächsten Station entgegeneilt; und der schmale Weg, dem er folgt, wird sich seinem Gedächtnis einprägen durch die Erregung, die er neuen Orten verdankt, ungewohnten Handlungen, dem eben stattgefundenen Gespräch und dem Abschied unter der fremden Lampe, der ihm in der Stille der Nacht noch nachgeht, dem bevorstehenden Glück der Heimkehr.

Zärtlich drückte ich meine Wangen an die schönen Wangen des Kissens, die rund und frisch sind wie die Wangen unserer Kindheit. Ich strich ein Zündholz an und schaute auf die Uhr. Bald Mitternacht. Dies ist der Augenblick, da der Kranke, der verreisen und in einem unbekannten Hotel übernachten mußte, wenn er von einem Anfall geweckt wird, sich freut, unter der Tür einen Lichtstreifen zu bemerken. Gottlob, schon Morgen! Gleich wird das Hauspersonal auf sein, wird er schellen können, wird man ihm Hilfe bringen. Das Hoffen auf Erleichterung gibt ihm Mut zu leiden. Hat er nicht eben Schritte gehört? Die Schritte kommen näher, entfernen sich wieder. Und der Lichtstreifen unter der Tür ist verschwunden. Es ist Mitternacht; man hat soeben das Gaslicht gelöscht; der letzte Dienstbote ist fort, und nun gilt es, unabänderlich die ganze Nacht hindurch zu leiden.

Ich schlief wieder ein und wachte dann manchmal nur noch für Augenblicke auf, gerade lang genug, um das organische Knacken der Täfelung zu vernehmen, die Augen zu öffnen und auf das Kaleidoskop der Dunkelheit zu richten, dank einem kurzen Aufschimmern des Bewußtseins den Schlaf zu kosten, in den die Möbel versunken waren, das Zimmer, dies Ganze, von dem ich nur ein kleiner Teil war und in dessen Fühllosigkeit ich gleich wieder einging. Oder ich war im Schlaf mühelos in eine für immer vergangene Zeit meines frühestens Lebens zurückgekehrt, hatte irgendeine meiner Kindheitsängste wiedergefunden, wie jene, mein Großonkel würde mich an den Locken ziehen, eine Angst, die der Tag, an dem man sie mir abschnitt – für mich der Beginn einer neuen Ära –, zum Verschwinden gebracht hatte. Während des Schlafs hatte ich dieses Ereignis vergessen; sobald es mir gelungen war aufzuwachen, um den Fängen meines Onkels zu entwischen, kam mir die Erinnerung daran wieder, doch vorsichtshalber grub ich den Kopf tief in mein Kissen, bevor ich in die Welt der Träume zurückkehrte.

Wie Eva aus einer Rippe Adams, so entstand manchmal, während ich schlief, aus einer falschen Lage meiner Schenkel eine Frau. Sie war ein Gebilde der Lust, die in mir hochstieg, doch stellte ich mir vor, diese Lust würde mir von ihr geschenkt. Mein Körper, der in dem ihren meine eigene Wärme spürte, wollte sich damit vereinen, ich wachte auf. Die übrige Menschheit erschien mir weit in die Ferne gerückt im Vergleich zu dieser Frau, die ich vor Sekunden erst verlassen hatte; meine Wange glühte noch von ihrem Kuß, mein Körper war wie zerschlagen von der Last ihrer Gestalt. Wenn sie, wie es bisweilen vorkam, die Züge einer Frau trug, die ich im Leben getroffen hatte, gab ich mich ganz dem einen Ziel hin: sie wiederzufinden, wie jene, die sich auf eine Reise begeben, um mit eigenen Augen die Stadt ihrer Sehnsucht zu schauen, und sich einbilden, man könne irgendwo in der Wirklichkeit den Zauber des Traums erleben. Allmählich verblaßte die Erinnerung an sie, ich hatte das Geschöpf meines Traums vergessen.

Im Schlaf versammelt der Mensch um sich im Kreise den Lauf der Stunden, die Ordnung der Jahre und der Welten. Er zieht sie instinktiv zu Rate, wenn er aufwacht, und liest in einer Sekunde daraus ab, an welchem Punkt der Erde er sich befindet, wieviel

Im Schlaf versammelt der Mensch
um sich im Kreise den Lauf
der Stunden, die Ordnung
der Jahre und der Welten.

Zeit bis zu seinem Erwachen verflossen ist; doch können ihre Ordnungen durcheinandergeraten, sie können zusammenbrechen. Wenn ihn beispielsweise gegen Morgen, nachdem er eine Weile schlaflos dagelegen hat, beim Lesen der Schlummer in einer ganz anderen als der normalen Schlafstellung überfällt, dann genügt das Heben eines Arms, um die Sonne in ihrem Lauf anzuhalten und rückwärst gehen zu lassen: er verliert sein Zeitgefühl, und in der ersten Minute seines Erwachsens wird er meinen, er sei eben erst zu Bett gegangen. Oder wenn er in einer noch unüblicheren und ausgefalleneren Stellung einschlummert, etwa nach dem Abendessen in einem Lehnstuhl, dann ist das Durcheinander in den aus der Bahn geworfenen Welten vollkommen, der Zaubersessel trägt ihn in Windeseile durch Zeit und Raum dahin, und in dem Augenblick, da er die Lider öffnet, ist ihm, als liege er einige Monate früher in einer anderen Gegend. Doch es genügte, daß ich in meinem eigenen Bett tief schlief und mein Geist sich dabei völlig entspannte, damit ihm der Lageplan des Ortes entglitt, an dem ich eingeschlafen war; und wenn ich mitten in der Nacht erwachte, wußte ich nicht, wo ich mich befand und deshalb im ersten Augenblick nicht einmal, wer ich war; ich verspürte nur, ursprünglich, elementar, jenes Daseinsgefühl, wie es in einem Tier beben mag; ich war entblößter als ein Höhlenmensch; doch dann kam mir die Erinnerung – noch nicht an den Ort, an dem ich mich befand, wohl aber an einige andere, an denen ich gewohnt hatte und wo ich hätte sein können – gleichsam als Hilfe von oben her, um mich aus dem Nichts zu ziehen, aus dem ich von selbst nicht herausgefunden hätte; in einer Sekunde überflog ich Jahrtausende der Menschheitsgeschichte, und die verschwommen und flüchtig geschauten Bilder von Petroleumlampen und von Hemden mit Umlegekragen fügten nach und nach die originären Züge meines Ich wieder zusammen.

Vielleicht wird die Unbeweglichkeit der Dinge um uns diesen durch die Unbeweglichkeit unseres Denkens ihnen gegenüber aufgezwungen, durch unsere Gewißheit, daß sie es sind und keine anderen. Jedenfalls, wenn ich in dieser Weise erwachte und mein Geist erfolglos herauszufinden suchte, wo ich mich befand, kreiste in der Dunkelheit alles um mich herum, die Dinge, die Länder, die Jahre. Noch zu benommen vom Schlaf, um sich zu rühren, suchte mein Körper nach der Art seiner Müdigkeit die Stellung seiner Glieder auszumachen, um daraus die Richtung der Wand, den Platz der Möbel abzuleiten, um die Wohnung, in der er sich befand, im Geiste wiederherzustellen und zu benennen. Sein Gedächtnis, das Gedächtnis seiner Rippen, seiner Knie, seiner Schultern, zeigte ihm nacheinander mehrere Zimmer, in denen er geschlafen hatte, während rings um ihn her die unsichtbaren Wände je nach der Form des vorgestellten Raums ihre Lage änderten und sich wirbelnd in der Finsternis drehten. Und bevor noch mein Denken, das an der Schwelle der Zeiten und Formen zögerte, die Umstände zusammengebracht und damit die Räumlichkeiten bestimmt hatte, erinnerte er – mein Körper – sich von einer jeden an die Art des Bettes, die Lage der Türen, die Fensteröffnungen, das Vorhandensein eines Flurs, zusammen mit dem Gedanken, den ich dort beim Einschlafen hatte und beim Erwachen wiederfand. Wenn meine versteifte Seite ihre Lage zu bestimmen suchte und sich zum Beispiel längs der Wand ausgestreckt in einem großen Himmelbett wähnte, sagte ich mir: Schau, nun bin ich am Ende doch eingeschlafen, obwohl mir Mama nicht gute Nacht gesagt hat; ich war auf dem Lande bei meinem Großvater, der seit langen Jahren tot ist; und mein Körper, die Seite, auf der ich lag, treue Bewahrer einer Vergangenheit, die mein Geist niemals hätte vergessen sollen, riefen mir die Flamme der urnenförmigen Nachtlampe aus böhmischem Glas, die an dünnen Ketten von der Zimmerdecke hing, ins Gedächtnis zurück, den Kamin aus Sienamarmor in meinem Schlafzimmer in Combray bei meinen Großeltern, aus fernen Tagen, die mir in diesem Augenblick gegenwärtig schienen, ohne daß ich sie mir genau vorstellte, und die ich etwas später, wenn ich völlig wach wäre, wieder genauer vor mir sähe.

… wenn ich nur des Nachts
hinausgehe, im Mondschein
jenen Wegen folge, auf denen
ich einst im Sonnenschein spielte …

Dann tauchte die Erinnerung an eine weitere Stellung auf; im Nu nahm die Wand eine andere Richtung; ich war in meinem Zimmer bei Madame de Saint-Loup auf dem Lande. Mein Gott! Es ist mindestens zehn Uhr, sicher sind sie längst mit dem Abendessen fertig! Ich habe wohl die allabendliche Siesta zu sehr ausgedehnt, die ich nach meinem Spaziergang mit Madame de Saint-Loup halte, bevor ich mich für den Abend umkleide. Denn viele Jahre sind vergangen seit Combray, wo ich, so spät wir auch nach Hause zurückkehrten, stets noch den roten Widerschein des Sonnenuntergangs auf den Scheiben meines Fensters erblickte. In Tansonville, bei Madame de Saint-Loup, führt man ein anderes Leben, finde ich eine andere Art von Vergnügen, wenn ich nur des Nachts hinausgehe, im Mondschein jenen Wegen folge, auf denen ich einst im Sonnenschein spielte; und das Zimmer, in dem ich wohl eingeschlafen bin, anstatt mich zum Abendessen umzukleiden – von weitem erkenne ich es, wenn wir nach Hause zurückkehren, vom Lichtstrahl der Lampe durchdrungen, dem einzigen Leuchtfeuer in der Nacht.

Diese verworrenen, ineinanderkreisenden Erinnerungsbilder hielten jeweils nur ein paar Sekunden an; meine kurze Unsicherheit über den Ort, an dem ich mich befand, unterschied ebensowenig die einzelnen Vermutungen, aus der sie bestand, wie wir die einander ablösenden Stellungen eines laufenden Pferdes isolieren, die das Kinetoskop uns zeigt. Doch ich hatte bald das eine, bald das andere der Zimmer, die ich in meinem Leben bewohnt hatte, vor mir gesehen, und in den langen Träumereien nach meinem Erwachen rief ich sie mir schließlich alle ins Gedächtnis zurück; Winterzimmer, wo wir uns zusammenrollen, wenn wir im Bett liegen, den Kopf in einem Nest, das wir uns aus den verschiedenartigsten Dingen flechten: einer Ecke des Kopfkissens, dem oberen Teil der Bettdecke, dem Zipfel eines Schals, dem Bettrand, einer Nummer der *Débats roses*, die wir schließlich zusammenkitten, indem wir gemäß der Technik der Vögel unablässig dagegenpressen; wo bei Eiseskälte das besch-

dere Vergnügen darin besteht, sich von der Außenwelt getrennt zu fühlen (wie die Seeschwalbe, die ihr Nest tief in einem Gang in der Wärme der Erde hat), und wo wir dank dem die ganze Nacht hindurch unterhaltenen Kaminfeuer in einem großen Mantel aus warmer, rauchiger Luft schlafen, durch den der Schein frisch auf-flammender Scheite dringt, in einer Art von ungreifbaren Alkoven, von warmer Höhle, die sich im Inneren des Zimmers auftut, einer heißen Zone mit veränderlichen thermischen Konturen, durchzogen von Luftzügen, die uns das Gesicht erfrischen und aus den Ecken kommen, von Stellen nahe dem Fenster oder fern vom Feuer, die sich schon abgekühlt haben; – Sommerzimmer, wo wir uns gerne mit der lauen Nacht vereinen, wo das Mondlicht auf den halbgeöffneten Läden liegt und seine Zauberleiter bis ans Fußende des Bettes wirft, wo wir fast im Freien schlafen wie die Meise, die sich im Hauch des Windes auf der Spitze eines Strahles wiegt; – manchmal das Louis-Seize-Zimmer, das etwas so Heiteres hatte, daß ich darin selbst am ersten Abend nicht allzu unglücklich war, und in dem die kleinen Säulen, die mühelos die Decke trugen, so anmutig auseinanderrückten, um den Platz für das Bett anzugeben und freizuhalten; manchmal dagegen jenes kleine mit der so hohen Decke, das sich pyramidenförmig über zwei Stockwerke hin wölbte und teilweise mit Mahagoni verkleidet war, wo ich von der ersten Sekunde an durch den unbekannten Vetivergeruch seelisch vergiftet wurde, überzeugt von der Feindseligkeit der violetten Vorhänge und der unverschämten Gleichgültigkeit der Pendeluhr, die ganz laut vor sich hin schwatzte, als wäre ich gar nicht da; – wo ein seltsamer und unerbittlicher viereckiger Standspiegel schräg eine Zimmerecke verstellte und sich in der angenehmen Ausgefülltheit meines gewohnten Gesichtsfeldes einen Platz eingrub, der nicht vorgesehen war; – wo in stundenlangen Versuchen, sich zu verrenken, sich in die Höhe zu recken, um die genaue Form des Zimmers anzunehmen und dessen gigantischen Trichter bis zuoberst auszufüllen, mein Denken manche harte Nacht durchlitten hatte, während ich in meinem Bett lag mit erhobenem Blick, ängstlich gespanntem Ohr, widerspenstiger Nase und klopfendem Herzen; bis die Gewohnheit die Farbe der Vorhänge verändert, die Pendeluhr zum Schweigen gebracht, den schrägen und grausamen Spiegel Mitleid gelehrt, den Vetivergeruch zwar nicht völlig verjagt, aber doch überdeckt und die scheinbare Höhe der Decke beträchtlich vermindert hatte. Ja, die Gewohnheit! Sie ist eine geschickte, aber sehr langsame Einrichterin, die unseren Geist zunächst einmal wochenlang in einem Provisorium schmachten läßt; doch ist er trotz allem froh, sie vorzufinden, denn ohne die Gewohnheit, nur auf sich selbst gestellt, wäre er außerstande, uns eine Behausung bewohnbar zu machen.

Gewiß war ich nun völlig wach, mein Körper hatte eine letzte Drehung vollzogen, und der gute Engel der Gewißheit hatte alles um mich her zum Stillstand gebracht, mich unter meine Decken gebettet, in meinem Zimmer, und hatte in der Dunkelheit meine Kommode, meinen Schreibtisch, meinen Kamin, das Fenster zur Straße und die beiden Türen annähernd an ihren Platz gebracht. Mochte ich jetzt auch noch so gut wissen, daß ich mich nicht in den Wohnungen befand, von denen mir die Benommenheit im Augenblick des Erwachens zwar kein deutliches Bild gegeben, aber ihre mögliche Gegenwart doch glaubhaft gemacht hatte, mein Gedächtnis war in Bewegung geraten; meist versuchte ich nicht, gleich wieder einzuschlafen; ich verbrachte den größten Teil der Nacht damit, an unser Leben von früher zurückzudenken, in Combray bei meiner Großtante, in Balbec, in Paris, in Doncières, in Venedig und anderswo, mir die Stätten in Erinnerung zu rufen, die Menschen, die ich dort gekannt, was ich von ihnen gesehen und was man mir von ihnen erzählt hatte.

Marcel Proust

DIE VEILCHENTOPF-ABENTEUER

Auszug aus den naturkundlichen Erzählungen:
DAS GERÄUSCH EINER SCHNECKE BEIM ESSEN (Piper)

*... ich möchte Sie bitten ..., zu versuchen,
die Fragen selbst liebzuhaben wie verschlossene
Stuben und wie Bücher, die in einer sehr
fremden Sprache geschrieben sind. Forschen Sie
jetzt nicht nach den Antworten, die Ihnen nicht gegeben
werden können, weil Sie sie nicht
leben könnten. Und es handelt sich darum, alles
zu leben. Leben Sie jetzt die Fragen.*
Rainer Maria Rilke, *Briefe an einen jungen Dichter*, 1903

I. Ackerveilchen

*Vor meinen Füßen
Wann bist du dorthin gelangt?
Du kleine Schnecke.*
Kobayashi Issa (1763–1827)

In den ersten Frühlingstagen ging eine Freundin von mir im Wald spazieren und entdeckte zufällig auf dem Weg eine Schnecke. Sie hob sie auf und trug sie in der offenen Hand vorsichtig zu dem Studio, in dem ich zur Genesung untergebracht war. Am Rand des Rasens sah sie ein paar Ackerveilchen stehen. Mit einem Pflanzenheber grub sie einige davon aus, pflanzte sie in einen Terrakottatopf und setzte die Schnecke unter die Blätter. Dann brachte sie den Topf zu mir in die Wohnung und stellte ihn neben mein Bett.

»Ich habe eine Schnecke im Wald gefunden. Ich habe sie dir mitgebracht, sie sitzt hier unter den Veilchenblättern.«

»Wirklich? Warum hast du sie denn mitgebracht?«

»Ich weiß auch nicht. Ich dachte, du hast vielleicht Freude daran.«

»Lebt sie noch?«

Sie hob das eichelgroße braune Schneckenhaus hoch und betrachtete es.

»Ich glaube schon.«

Warum, fragte ich mich, sollte ich an einer Schnecke *Freude* haben? Was in aller Welt sollte ich mit ihr anfangen? Aufstehen und sie in den Wald zurückbringen konnte ich nicht. Sie interessierte mich nicht sonderlich, und falls sie wirklich noch lebte, war die Verantwortung – gerade für etwas so Abwegiges wie eine Schnecke – einfach zu groß.

Meine Freundin umarmte mich, verabschiedete sich und fuhr davon.

Mit vierunddreißig Jahren wurde ich auf einer kurzen Europareise von einem mysteriösen viralen oder bakteriellen Krankheitserreger befallen, der schwerwiegende neurologische Symptome hervorrief. Ich hatte mich für unverwundbar gehalten. Aber das war ich nicht. Und ich hatte geglaubt, falls es doch einmal Probleme geben sollte, würde mich die moderne Medizin schon wiederherstellen. Aber dem war nicht so. Auch den Fachärzten mehrerer großer Kliniken gelang es nicht, den Urheber der Infektion zu identifizieren. Über Monate hinweg war ich immer wieder im Krankenhaus, und es kam zu lebensbedrohlichen Komplikationen. Ein noch nicht zugelassenes Medikament, das mir schon in der Erprobungszeit zugänglich gemacht wurde, stabilisierte meinen Zustand, doch es sollte mehrere zermürbende Jahre dauern, bis ich zumindest teilweise genesen war und wieder arbeiten konnte. Meine Ärzte meinten, die Krankheit liege hinter mir, und ich wollte ihnen glauben. Ich war so froh, mein altes Leben fast vollständig wiederzuhaben.

Doch dann erlitt ich aus heiterem Himmel mehrere tückische Rückfälle und war schließlich wieder bettlägerig. Weitere aufwendigere Untersuchungen brachten zutage, dass die Mitochondrien in meinen Zellen nicht mehr richtig funktionierten; alle nicht bewusst gesteuerten Körperfunktionen, darunter auch Herzfrequenz, Blutdruck und Verdauung, waren gestört. Das mittlerweile zugelassene Medikament, das mir zunächst geholfen hatte, zeigte nun gefährliche Nebenwirkungen; wenig später sollte es wieder vom Markt genommen werden.

Auch wenn der Körper zu nichts mehr zu gebrauchen ist, jagt der Geist doch weiter wie ein Bluthund auf den gewohnten Neuronenbahnen dahin und versucht, die Antworten zu einem Wust von Fragen aufzuspüren – das *Warum*, *Was* und *Wann* und das unvorstellbar ferne *Wie*. Eine erschöpfende Suche, und die Antworten entziehen sich. Manchmal herrschten in meinem Kopf nur Lustlosigkeit und Leere, zu anderen Zeiten waren meine Gedanken in wildem Aufruhr, und ich wurde von unsagbarer Traurigkeit und einem kaum erträglichen Verlustgefühl übermannt.

Bei guter Gesundheit erscheint es einem selbstverständlich, dass das Leben einen Sinn hat, und es ist erschreckend, wie rasch eine Krankheit diese Gewissheit zunichtemachen kann. Ich schaffte es mit Mühe und Not, den einzelnen Moment zu bewältigen, und jeder dieser Momente zog sich hin wie eine endlose Stunde, doch zugleich verstrichen ganze Tage unbemerkt. Auch ungenutzt durchlebte Zeit vergeht, als hätte die Zeit einen unstillbaren Hunger und vertilgte den Tag komplett, ohne einen Krümel, eine Spur, eine Erinnerung zu hinterlassen.

Man hatte mich in einem Studio untergebracht, wo ich besser versorgt werden konnte. Mein Bauernhaus, das ungefähr fünfundsiebzig Kilometer entfernt lag, wurde verschlossen. Ich wusste nicht, ob und wann ich je wieder dorthin würde zurückkehren können. Vorläufig war mir eine Rückkehr nach Hause nur möglich, indem ich die Augen schloss und mich erinnerte. Ich sah den Vorfrühling, die violetten Ackerveilchen – gleich denen an meinen Bett –, die sich im ganzen Garten ausbreiteten. Und die duftenden rosa Stiefmütterchen, die ich in dem kleinen Waldgarten nördlich meines Hauses gepflanzt hatte – auch die blühen jetzt bestimmt. Obwohl sie in diesen nördlichen Regionen eigentlich nicht winterfest waren, überdauerten sie irgendwie. In Gedanken konnte ich ihren süßen Duft riechen.

Vor meiner Krankheit waren meine Hündin Brandy und ich oft durch den ausgedehnten Wald hinter dem Haus zu einem versteckten, in den Bergen entspringenden Bach gelaufen. Sein vom Wetter und den Jahreszeiten erzählendes Lied begleitete uns, während wir mal hier, mal dort auf Steinen, die halb aus dem Wasser lugten, das Bachbett überquerten. Auf dem Rückweg fand ich an einer sehr sumpfigen Stelle auf kleinen Inseln aus Wurzelwerk und Moos winzige wilde Veilchen, weiß mit zartlila gestreiftem Kelch.

Die Ackerveilchen an meinem Bett waren frisch und lebendig, im Gegensatz zu den sonst üblichen Schnittblumen, die andere Freunde mitbrachten. Die Schnittblumen hielten immer nur in paar Tage, und sie hinterließen trübes, übelriechendes Wasser. In meinen Zwanzigern hatte ich mir mein Geld als Gärtnerin verdient, daher war ich froh, dieses kleine Stückchen Garten direkt neben meinem Bett zu haben. Ich konnte die Veilchen sogar mit meinem Wasserglas gießen.

Aber was war nun mit der Schnecke? Was sollte ich mit ihr anfangen? So klein sie war, hatte sie doch friedlich vor sich hingelebt, als meine Freundin sie aufhob. Welches Recht hatten wir, in ihr Leben einzugreifen? Wobei ich mir nicht vorstellen konnte, wie das Leben einer Schnecke überhaupt aussah.

Ich erinnerte mich nicht daran, auf meinen zahllosen Spaziergängen im Wald je Schnecken gesehen zu haben. Vielleicht, dachte ich mit Blick auf das unscheinbare braune Tier, lag das an ihrem unauffälligen Äußeren. Den Rest des Tages blieb die Schnecke in ihrem Gehäuse, und ich war zu erschöpft von dem Besuch meiner Freundin, um noch einen weiteren Gedanken an meine Schnecke zu verschwenden.

2. Entdeckung

Die Schnecke steht auf
Und legt sich wieder schlafen
Ohne viel Trara.
Kobayashi Issa (1763–1827)

Um die Abendessenszeit stellte ich überrascht fest, dass die Schnecke halb aus ihrem Gehäuse gekommen war. Sie lebte also. Der sichtbare Teil ihres Körpers war fast fünf Zentimeter lang und feucht. Der Rest war in dem zweieinhalb Zentimeter hohen Schneckenhaus verborgen, das sie elegant auf dem Rücken balancierte. Ich sah zu, wie sie langsam an der Seite des Blumentopfs hinabkroch. Während sie dahinglitt, wedelte sie sanft mit den Fühlern.

Den ganzen Abend lang erkundete die Schnecke die Außenwand des Topfes und den Untersetzer, in dem er stand. Ihr gemächliches Tempo faszinierte mich. Ich fragte mich, ob sie im Lauf der Nacht davonkriechen würde. Vielleicht würde ich sie nie mehr wiedersehen, und das Schneckenproblem würde sich in Wohlgefallen auflösen.

Ihr gemächliches Tempo
faszinierte mich.
Ich fragte mich,
ob sie im Lauf der Nacht
davonkriechen würde.

Doch als ich am nächsten Morgen nachschaute, war die Schnecke wieder im Topf; in ihr Gehäuse zurückgezogen, schlief sie unter einem Veilchenblatt. Am Abend zuvor hatte ich einen Briefumschlag gegen den Lampenfuß gelehnt. Jetzt entdeckte ich direkt unter dem Absender ein rätselhaftes quadratisches Loch. Ich war verblüfft. Wie konnte über Nacht ein Loch – noch dazu ein *quadratisches* – in einem Umschlag erscheinen? Dann fielen mir die Schnecke und ihre Betriebsamkeit am Abend ein. Sie war offenkundig nachtaktiv. Und sie musste so etwas wie Zähne besitzen, die einzusetzen sie sich nicht scheute.

Als gesunder Mensch hatte ich ein sehr aktives Leben geführt, das mit Freunden, Familie und Arbeit, mit den Freuden des Gärtnerns, Wanderns und Segelns und dem gewohnten Alltagstrott ausgefüllt war: Frühstück machen, der Wald erkunden, zur Arbeit fahren, ein Buch lesen, aufstehen, um etwas zu holen. Jetzt wäre schon Letzteres – aufzustehen, um irgendetwas, egal was, zu holen – eine echte Leistung gewesen. Für mich auf meinem Lager war das Leben außer Reichweite.

Die Monate verstrichen, und es fiel mir zunehmend schwer, mir in Erinnerung zu rufen, warum die endlosen Details eines von Gesundheit geprägten Lebens und einer guten Arbeitsstelle so wichtig gewesen waren. Es war seltsam zu beobachten, dass meine Freunde ihr geschäftiges Leben kaum in den Griff bekamen, wo sie doch all das tun konnten, was ich nicht tun konnte, ohne einen Gedanken darauf verschwenden zu müssen.

Hatte früher die Zukunft mit zahlreichen möglichen Marschrouten gelockt, gab es jetzt nur noch einen, jedoch nicht gangbaren Weg. Also wandten sich meine Gedanken stattdessen den reichhaltigen Sedimentschichten der Vergangenheit zu. Ein Windhauch, der durch das offene Fenster hereinkam, weckte die Erinnerung an eine Überquerung der Penobscot Bay auf dem Bugspriet eines Schoners. Der schlichte Wunsch, mir die Zähne zu putzen, führte mir das Badezimmer in meinem Bauernhaus mit seinem Ausblick auf die alten Apfelbäume und den Mohnblumengarten vor Augen. Es hatte mich heiter gestimmt, die über dem Mohn aufgehängte Wäsche zu sehen: Vor den Gelb-, Orange- und Rottönen hoben sich die blauen Laken und die Nachthemden, deren Ärmel zu den Blumen hinunterreichten, sehr schön ab.

An meinem zweiten Morgen mit der Schnecke entdeckte ich wieder ein quadratisches Loch, diesmal in einer neben meinem Bett liegenden Liste. Mit jedem weiteren Morgen tauchten weitere Löcher auf. Ihre quadratische Form verblüffte mich nach wie vor. Meine Freunde waren überrascht und amüsiert, wenn sie von mir eine Postkarte mit einem kleinen Loch erhielten, das mit einem Pfeil und dem hingekritzelten Kommentar versehen war: »Von meiner Schnecke gefressen.«

Mir dämmerte, dass die Schnecke etwas Richtiges zu fressen brauchte. Normalerweise ernährte sie sich vermutlich nicht von Briefen und Umschlägen. In einer Vase neben meinem Bett standen ein paar längst verwelkte Blumen. Eines Abends legte ich einige der welken Blüten in den Untersetzer des Veilchentopfs. Die Schnecke war wach. Sie kroch den Topf hinunter, inspizierte die Gabe interessiert und machte sich daran, eine der Blüten zu verzehren. In kaum wahrnehmbarer Geschwindigkeit begann ein Blütenblatt zu verschwinden. Ich horchte genau hin. Ich konnte *hören*, wie sie fraß. Es klang, als mampfte jemand sehr Kleines unablässig Selleriestangen. Gebannt sah ich zu, wie die Schnecke im Lauf einer Stunde systematisch ein komplettes purpurrotes Blütenblatt verspeiste.

Das leise, anheimelnde Geräusch der Schnecke beim Fressen gab mir ein Gefühl von Gemeinschaft, von Zusammenleben. Und es freute mich, dass ich die welken Blumen, die neben meinem Bett standen, weiterverwerten konnte, um ein bedürftiges kleines Lebewesen damit zu ernähren. Ich für meinen Teil mochte meinen Salat ja lieber frisch, aber der Schnecke war vergammelter Salat eindeutig lieber, denn an den lebenden Veilchen, in deren Schutz sie schlief, hatte sie noch kein einziges Mal geknabbert. Man muss die Vorlieben anderer Lebewesen respektieren, egal wie groß oder klein sie sind, und das tat ich mit Freuden.

Das Studio, in dem ich untergebracht war, hatte viele Fenster und einen schönen Ausblick auf eine Salzwiese. Doch die Fenster waren weit von meinem Bett entfernt, und ich konnte mich nicht aufsetzen, um hinauszuschauen. Licht fiel durch die Fenster zwar herein, aber die Welt, die sie umrahmten, lag außerhalb meines Blickfeldes. Anders als in meinem Bauernhaus, das voller Farben war, erwachte ich hier jeden Morgen in einem Raum, dessen Wände und Decke vollkommen weiß waren – ich fühlte mich in einer kahlen weißen Kiste eingesperrt. In den ersten Jahren meiner Krankheit hatte ich unzählige Stunden auf einer Bettcouch in meinem Bauernhaus verbracht, das in den 1830er Jahren erbaut wurde, und zu den von Hand behauenen Deckenbalken hinaufgeschaut. Ihre warmen, goldbraunen Farbtöne waren Balsam für meine Seele gewesen. Die Astlöcher erzählten Geschichten von Bäumen und einstiger Wildnis, und die quadratischen Nagelköpfe, die hier und da herausragten, hatten einmal einen Zweck erfüllt. Sämtliche Zimmer im Haus waren mit einer Kalk-Kasein-Farbe gestrichen. In dem Zimmer, in dem ich lag, war es ein dunkles Blau, wandte ich den Kopf, konnte ich Rot in der Küche, Grün im Bad und ein ruhiges Grau im Wohnzimmer sehen.

Die Bettcouch bei mir zu Hause stand direkt neben dem Fenster, so dass ich hinausschauen konnte, ohne mich aufrichten zu müssen. Im Sommer sah ich meinen trotz mangelnder Pflege grünenden und blühenden Staudengarten. Ich hielt Ausschau nach Freunden, die mich zu Fuß, mit dem Fahrrad oder dem Auto besuchen kamen und immer etwas zu erzählen hatten, und winkte ihnen nach, wenn sie wieder gingen. Wenn ich im Morgengrauen erwachte, waren draußen auf dem Feld mehrere Katzen auf der Pirsch. Ich hörte, wie meine Nachbarn einer nach dem

anderen zur Arbeit fuhren. Der flache Einfallswinkel des Sonnenlichts vergrößerte sich zum Mittag hin und flachte dann zur anderen Seite wieder ab. Meine Nachbarn kehrten einer nach dem anderen zurück. Der Abend senkte sich über die Felder, im hohen Gras gingen die Katzen wieder auf die Jagd, und schließlich wurde es Nacht.

Zwar war ich dankbar für die Pflege, die ich in dem weißen Zimmer erhielt, doch ich fühlte mich dort nicht zu Hause. Nicht genug, dass mein Körper ein bizarrer, befremdlicher Ort für mich geworden war, ich hatte auch Heimweh. Ich war fern von den Dingen, die mich erfreuten, von dem urwüchsigen Wald, der mir immer wieder Kraft gab, und dem sozialen Netzwerk, das mein Leben bereicherte.

Das Überleben hängt oft davon ab, dass man einen Lebensinhalt hat: eine Beziehung, einen Glauben, eine auf dem schmalen Grat des Möglichen balancierende Hoffnung. Oder von etwas Flüchtigerem: der Art und Weise, wie die Sonne durch eine harte, scheinbar undurchdringliche Fensterscheibe hindurch die Bettdecke wärmt oder wie der Wind, nur in der Bewegung sichtbar, die er erzeugt, so laut tost, dass man ihn durch die gut isolierten Mauern des Hauses hört.

Mehrere Wochen lang lebte die Schnecke in dem Blumentopf neben meinem Bett, schlief tagsüber und erkundete nachts die Umgebung. Morgens, wenn ich frühstückte, kroch sie wieder in den Topf zurück, um in der kleinen Mulde, die sie sich in der Erde gegraben hatte, zu schlafen. Auch wenn die Schnecke tagsüber fast immer schlief, war es beruhigend, zu den Veilchen hinüberzuschauen und unter einem Blatt die kleine runde Form

Nach…zumachen.

selten e… ends erwachte die Schnecke, kroch mit beeindruckender

…heit und Eleganz zum Rand des Topfes, linste nach un-

Im Laufe … gutachtete erneut das fremde Terrain, das vor ihr lag.

chen Streifzüg… so als stünde sie auf einem Türmchen ihres Schlos-

rung. Die Blüte…

unweigerlich vorbei, meine Augen öffneten sich, und die Realität überschwemmte mich: Nichts hatte sich verändert.

Dann fiel mir die Schnecke ein. Ich hielt Ausschau nach dem winzigen, erdfarbenen Wesen. Normalerweise lag sie schon wieder schlafend in ihrem Blumentopf, und ihre vertraute Gestalt erinnerte mich daran, dass ich nicht allein war. Tagsüber empfand ich das Absonderliche meiner Lage am schmerzlichsten: Ich war zu einer Zeit ans Bett gefesselt, in der meine Freunde und Altersgenossinnen an ihren Karrieren bastelten und Kinder großzogen. Doch die Tatsache, dass die Schnecke tagsüber schlief, eröffnete mir eine neue Sichtweise: Ich war nicht die Einzige, die den Tag ruhend verbrachte. Die Schnecke schlief von Natur aus am Tag, selbst am sonnigsten Nachmittag. Ihre Gesellschaft tröstete mich und minderte mein Gefühl der Nutzlosigkeit.

Abends gab es einen kurzen, aber befriedigenden Zeitraum, in dem ich wusste, dass der Rest der Menschenwelt bald, und sei es nur über Nacht, so wie ich sein Leben in der Horizontalen verbringen würde. Wenn gesunde Menschen zu Bett gehen, genießen sie das Privileg, in einen tiefen Schlaf zu sinken. Mein Schlaf hingegen war aufgrund meiner Krankheit durchlässig, und oft blieb er ganz aus. Wieder war die Schnecke meine Rettung. Während die restliche Welt ohne mich einschlief, wachte die Schnecke auf, als wäre diese, die dunkelste Zeit tatsächlich die beste Zeit zum Leben.

Nachdem wir uns wochenlang rund um die Uhr Gesellschaft geleistet hatten, konnte an unserer Beziehung kein Zweifel mehr bestehen: Die Schnecke und ich lebten offiziell zusammen. Ich hing an ihr, das gebe ich zu. Ein bisschen hatte ich ein schlechtes Gewissen, weil man sie ungefragt aus ihrem natürlichen Lebensraum genommen hatte, doch ich war nicht bereit, mich wieder von ihr zu trennen. Sie war ein willkommener neuer Lebensinhalt, und ich konnte mir nicht vorstellen, wie ich mir sonst die Stunden hätte vertreiben sollen.

Elisabeth Tova Bailey

Während die restliche Welt
ohne mich einschlief,
wachte die Schnecke auf,
als wäre diese,
die dunkelste Zeit
tatsächlich die beste Zeit
zum Leben.

Florentinische Nächte

ERSTE NACHT

Im Vorzimmer fand Maximilian den Arzt, wie er eben seine schwarzen Handschuhe anzog. »Ich bin sehr pressiert«, rief ihm dieser hastig entgegen. »Signora Maria hat den ganzen Tag nicht geschlafen, und nur in diesem Augenblick ist sie ein wenig eingeschlummert. Ich brauche Ihnen nicht zu empfehlen, sie durch kein Geräusch zu wecken; und wenn sie erwacht, darf sie beileibe nicht reden. Sie muss ruhig liegen, darf sich nicht rühren, nicht im Mindesten bewegen, darf nicht reden, und nur geistige Bewegung ist ihr heilsam. Bitte, erzählen Sie ihr wieder allerlei närrische Geschichten, sodass sie ruhig zuhören muss.«

»Seien Sie unbesorgt, Doktor«, erwiderte Maximilian mit einem wehmütigen Lächeln. »Ich habe mich schon ganz zum Schwätzer ausgebildet und lasse sie nicht zu Worte kommen. Und ich will ihr schon genug fantastisches Zeug erzählen, soviel Sie nur begehren ... Aber wie lange wird sie noch leben können?«

»Ich bin sehr pressiert«, antwortete der Arzt und entwischte.

Die schwarze Debora, feinöhrig, wie sie ist, hatte schon am Tritte den Ankommenden erkannt und öffnete ihm leise die Türe. Auf seinen Wink verließ sie ebenso leise das Gemach, und Maximilian befand sich allein bei seiner Freundin. Nur dämmernd war das Zimmer von einer einzigen Lampe erhellt. Diese warf, dann und wann, halb furchtsam, halb neugierige Lichter über das Antlitz der kranken Frau, welche, ganz angekleidet, in weißem Musselin, auf einem grünseidnen Sofa hingestreckt lag und ruhig schlief.

Schweigend, mit verschränkten Armen, stand Maximilian einige Zeit vor der Schlafenden und betrachtete die schönen Glieder, die das leichte Gewand mehr offenbarte als verhüllte, und jedes Mal wenn die Lampe einen Lichtstreif über das blasse Antlitz warf, erbebte sein Herz. »Um Gott!« sprach er leise vor sich hin, »was ist das? Welche Erinnerung wird in mir wach? Ja, jetzt weiß ich's. Dieses weiße Bild auf dem grünen Grunde, ja, jetzt ...«

In diesem Augenblick erwachte die Kranke, und wie aus der Tiefe eines Traumes hervorschauend, blickten auf den Freund die sanften, dunkelblauen Augen, fragend, bittend ... »An was dachten Sie eben, Maximilian?«, sprach sie mit jener schauerlich weichen Stimme, wie sie bei Lungenkranken gefunden wird und worin wir zugleich das Lallen eines Kindes, das Zwitschern eines Vogels und das Geröchel eines Sterbenden zu vernehmen glauben. »An was dachten Sie eben, Maximilian?«, wiederholte sie nochmals und erhob sich so hastig in die Höhe, dass die langen Locken, wie aufgeschreckte Goldschlangen, ihr Haupt umzingelten.

»Um Gott!«, rief Maximilian, indem er sie sanft wieder aufs Sofa niederdrückte. »Bleiben Sie ruhig liegen, sprechen Sie nicht; ich will Ihnen alles sagen, alles was ich denke, was ich empfinde, ja was ich nicht einmal selber weiß!

In der Tat«, fuhr er fort, »ich weiß nicht genau, was ich eben dachte und fühlte. Bilder aus der Kindheit zogen mir dämmernd durch den Sinn, ich dachte an das Schloss meiner Mutter, an den wüsten Garten dort, an die schöne Marmorstatue, die im grünen Grase lag ... Ich habe ›das Schloss meiner Mutter‹ gesagt, aber ich bitte Sie, beileibe, denken Sie sich darunter nichts Prächtiges und Herrliches! An diese Benennung habe ich mich nun einmal gewöhnt; mein Vater legte immer einen ganz besonderen Ausdruck auf die Worte ›das Schloss!‹ und er lächelte dabei immer so eigentümlich. Die Bedeutung dieses Lächelns begriff ich erst später, als ich, ein etwa zwölfjähriges Bübchen, mit meiner Mutter nach dem Schlosse reiste. Es war meine erste Reise. Wir fuhren den ganzen Tag durch einen dicken Wald, dessen dunkle Schauer mir immer unvergesslich bleiben, und erst gegen Abend hielten wir still vor einer langen Querstange, die uns von einer großen Wiese trennte. Wir mussten fast eine halbe Stunde warten, ehe, aus der nahgelegenen Lehmhütte, der Junge kam, der die Sperre wegschob und uns einließ. Ich sage ›der Junge‹ weil die alte Marthe ihren vierzigjährigen Neffen noch immer den Jungen nannte; dieser hatte, um die gnädige Herrschaft würdig zu empfangen, das alte Livreekleid seines verstorbenen Oheims angezogen, und da er es vorher ein bisschen ausstäuben musste, ließ er uns so lange warten. Hätte man ihm Zeit gelassen, würde er auch Strümpfe angezogen haben; die langen, nackten, roten Beine stachen aber nicht sehr ab von dem grellen Scharlachrock. Ob er darunter eine Hose trug, weiß ich nicht mehr. Unser Bedienter, der Johann, der ebenfalls die Benennung Schloss oft vernommen, machte ein sehr verwundertes Gesicht, als der Junge uns zu dem kleinen gebrochenen Gebäude führte, wo der selige Herr gewohnt. Er ward aber schier bestürzt, als meine Mutter ihm befahl die Betten hineinzubringen. Wie konnte er ahnen, dass auf dem ›Schlosse‹ keine Betten befindlich! Und die Ordre meiner Mutter, dass er Bettung für uns mitnehmen solle, hatte er entweder ganz überhört oder als überflüssige Mühe unbeachtet gelassen.

Das kleine Haus, das, nur eine Etage hoch, in seinen besten Zeiten höchstens fünf bewohnbare Zimmer enthalten, war ein kummervolles Bild der Vergänglichkeit. Zerschlagene Möbel, zerfetzte Tapeten, keine einzige Fensterscheibe ganz verschont, hie und da der Fußboden aufgerissen, überall die hässlichen Spuren der übermütigsten Soldatenwirtschaft. ›Die Einquartierung hat sich immer bei uns sehr amüsiert‹, sagte der Junge mit einem blödsinnigen Lächeln. Die Mutter aber winkte, dass wir sie allein lassen möchten, und während der Junge mit Johann sich beschäftigte, ging ich den Garten besehen. Dieser bot ebenfalls den trostlosesten Anblick der Zerstörnis. Die großen Bäume waren zum Teil verstümmelt, zum Teil niedergebrochen, und höhnische Wucherpflanzen erhoben sich über die gefallenen Stämme. Hie und da, an den aufgeschossenen Taxusbüschen, konnte man die ehemaligen Wege erkennen. Hie und da standen auch Statuen, denen meistens die Köpfe, wenigstens die Nasen, fehlten. Ich erinnere mich einer Diana, deren untere Hälfte von dunklem Efeu aufs Lächerlichste umwachsen war, so wie ich mich auch einer Göttin des Überflusses erinnere, aus deren Füllhorn lauter missduftendes Unkraut hervorblühte. Nur eine Statue war, Gott weiß wie, von der Bosheit der Menschen und der Zeit verschont geblieben; von ihrem Postamente freilich hatte man sie herabgestürzt ins hohe Gras, aber da lag sie unverstümmelt, die marmorne Göttin, mit den rein-schönen Gesichtszügen und mit dem straff geteilten, edlen Busen, der, wie eine griechische Offenbarung, aus dem hohen Grase hervorglänzte. Ich erschrak fast, als ich sie sah; dieses Bild flößte mir eine sonderbar schwüle Scheu ein, und eine geheime Blödigkeit ließ mich nicht lange bei seinem holden Anblick verweilen.

Als ich wieder zu meiner Mutter kam, stand sie am Fenster, verloren in Gedanken, das Haupt gestützt auf ihrem rechten Arm, und die Tränen flossen ihr unaufhörlich über die Wangen. So hatte ich sie noch nie weinen sehen. Sie umarmte mich mit hastiger Zärtlichkeit und bat mich um Verzeihung, dass ich, durch Johannes' Nachlässigkeit, kein ordentliches Bett bekommen werde. ›Die alte Marte‹, sagte sie, ›ist schwer krank und kann dir, liebes Kind, ihr Bett nicht abtreten. Johann soll dir aber die Kissen aus dem Wagen so zurechtlegen, dass du darauf schlafen kannst, und er mag dir auch seinen Mantel zur Decke geben. Ich selber schlafe hier auf Stroh; es ist das Schlafzimmer meines seligen Vaters; es sah sonst hier viel besser aus.

Lass mich allein!‹ Und die Tränen schossen ihr noch heftiger aus den Augen.

War es nun das ungewohnte Lager oder das aufgeregte Herz, es ließ mich nicht schlafen. Der Mondschein drang so unmittelbar durch die gebrochenen Fensterscheiben, und es war mir, als wolle er mich hinauslocken in die helle Sommernacht. Ich mochte mich rechts oder links wenden auf meinem Lager, ich mochte die Augen schließen oder wieder ungeduldig öffnen, immer musste ich an die schöne Marmorstatue denken, die ich im Grase liegen sehen. Ich konnte mir die Blödigkeit nicht erklären, die mich bei ihrem Anblick erfasst hatte, ich ward verdrießlich ob dieses kindischen Gefühls, und ›morgen‹ sagte ich leise zu mir selber: ›Morgen küssen wir dich, du schönes Marmorgesicht, wir küssen dich eben auf die schönen Mundwinkel, wo die Lippen in ein so holdseliges Grübchen zusammenschmelzen!‹ Eine Ungeduld, wie ich sie noch nie gefühlt, rieselte dabei durch alle meine Glieder, ich konnte dem wunderbaren Drange nicht länger gebieten, und endlich sprang ich auf mit keckem Mute und sprach: ›Was gilt's und ich küsse dich noch heute, du liebes Bildnis!‹ Leise, damit die Mutter meine Tritte nicht höre, verließ ich das Haus, was umso leichter, da das Portal zwar noch mit einem großen Wappenschild, aber mit keinen Türen mehr versehen war; und hastig arbeitete ich mich durch das Laubwerk des wüsten Gartens. Auch kein Laut regte sich, und alles ruhte, stumm und ernst, im stillen Mondschein. Die Schatten der Bäume waren wie angenagelt auf der Erde. Im grünen Grase lag die schöne Göttin ebenfalls regungslos, aber kein steinerner Tod, sondern nur ein stiller Schlaf schien ihre lieblichen Glieder gefesselt zu halten, und als ich ihr nahete, fürchtete ich schier, dass ich sie durch das geringste Geräusch aus ihrem Schlummer erwecken könnte. Ich hielt den Atem zurück, als ich mich über sie hinbeugte, um die schönen Gesichtszüge zu betrachten; eine schauerliche Beängstigung stieß mich von ihr ab, eine knabenhafte Lüsternheit zog mich wieder zu ihr hin, mein Herz pochte, als wollte ich eine

Mordtat begehen, und endlich küsste ich die schöne Göttin mit einer Inbrunst, mit einer Zärtlichkeit, mit einer Verzweiflung, wie ich nie mehr geküsst habe in diesem Leben. Auch nie habe ich diese grauenhaft süße Empfindung vergessen können, die meine Seele durchflutete, als die beseligende Kälte jener Marmorlippen meinen Mund berührte … Und sehen Sie, Maria, als ich eben vor Ihnen stand und ich Sie, in ihrem weißen Musselinkleide auf dem grünen Sofa liegen sah, da mahnte mich Ihr Anblick an das weiße Marmorbild im grünen Grase. Hätten Sie länger geschlafen, meine Lippen würden nicht widerstanden haben …«

Heinrich Heine

Schäfchen zählen

SCHÄFCHEN ZÄHLEN, SAGT ER. Ich soll Schäfchen zählen.

Mein Mann ist ein Morgenmensch, er hat keine Ahnung von Schäfchen. Am Abend geht er ohne Anlauf ins Bett, tippt vielleicht noch kurz auf seinem Smartphone herum, aber spätestens, wenn auf unserm alten Radiowecker die 22 erscheint, rollt er sich ein und fängt etwa 30 Sekunden später an, zufrieden zu schnarchen. Um am nächsten Morgen – er braucht nicht mal einen Wecker und auch dafür keinen Anlauf – frisch und munter aus dem Bett zu springen und den frühen Tag zu begrüßen.

Heute bin ich auch mal vernünftig, dachte ich mir, und nun liege ich hier und starre die Decke an – und soll Schäfchen zählen.

Ich bin nämlich mehr so der Typ Anlauf. Die Nachteule, die, die den Absprung selten schafft, wenn am Abend das erste Gähnen kommt, sondern so lange vor sich hin kramt und denkt und tippt, bis die Müdigkeit wieder verflogen ist und einer ganz eigenen Art von innerer Ruhe weicht. Wenn die Geräusche von der Straße weniger werden, die letzten Busse gefahren, die letzten Lichter im Haus gegenüber erloschen sind, das ist meine Zeit. Dann lasse ich mich in meiner Lieblingsecke nieder, mit einem Glas Rotwein vielleicht, das im schwachen Schein des Teelichts ganz dunkel schimmert, und begrüße die Nacht. Die Nacht und ich, wir können gut miteinander.

Der Morgen und ich – nun, wir haben eine eher schwierige Beziehung. Aufwachen ist bei mir ein längerer Prozess, wer genau hinschaut, erkennt vielleicht den Ladebalken in meinen Pupillen. Die Taste unseres Radioweckers, auf der nie Staub liegt, ist die Schlummertaste. Nur noch fünf Minuten. Und noch mal. Und noch mal. Bis zum letzten Drücker kuschele ich mich unter mein Federbett und drücke mich vor der wachen Welt.

Heute früh beim Anziehen habe ich versehentlich meinen Kapuzenpulli falschrum angezogen. Das war eigentlich ganz schön. Ich habe da wirklich einige Sekunden gestanden, bevor ich verstand, warum es so dunkel ist. Habe mir vorgenommen, mir das zu merken und als Lifehack für besonders schlimme Tage aufzuheben. Ich stelle mir das so vor, wenn in der U-Bahn die Kontrolleure zusteigen und zack, Kapuze. Wie früher als kleines Kind, als noch das gute alte *Ich sehe dich nicht, also siehst du mich auch nicht* galt. Zumindest in meinem kindlichen Kopf war das so. Beim Versteckenspielen am Rande der weinbrandbohnenseligen Familienfeiern machte ich meinen älteren Bruder und meine Cousinen irre, weil ich immer nur die Augen schloss, statt mich zu verstecken.

Zum Einschlafen sang meine Mutter manchmal »Weißt du, wie viel Sternlein stehen an dem blauen Himmelszelt«, das mochte ich, denn das blaue Himmelszelt war in meiner Vorstellung immer ganz klar das Drei-Personen-Zelt, das die Hauswartsleute im Sommer immer in ihrem Garten aufbauten und in dem wir Kinder Schiffeversenken spielten, Kekse aßen und, ja, vielleicht auch Sterne sahen, wenn wir lange genug dem Geruch von Siebzigerjahreplastik in der sengenden Sonne ausgesetzt waren. Überhaupt, die Lieder dieser Zeit waren sehr verwirrend. In der Hitparade sang Bata Illic *Ich möchte der Knopf an deiner Bluse sein* und ich hatte immer diese Vorstellung, dass ich eines Tages beim Anziehen, beim Knöpfeschließen so einen Miniatur-Bata-Illic zwischen den Fingern haben würde, und wie würde ich den dann durch das Loch kriegen, ohne was kaputt zu machen?

Und dann war da dieses Lied mit dem sprechenden Ring.

Nimm den goldenen Ring von mir, damdamm, dammdamm,
bist du traurig dann sagt er dir: dammdamm, dammdamm.

Ich verstand nie, warum der Ring *Dammdamm* sagt.

Schäfchen zählen. Ich weiß nicht genau, wer sich das ausgedacht hat. Auch das hat schon in meiner Kindheit nicht funktioniert. Stundenlang saß mein Vater hundemüde an meiner Bettkante und zählte in Zeitlupe vor sich hin, während ich der Aufgabe nachkam, hinter meinen geschlossenen Augenlidern imaginäre Schäfchen über imaginäre Zäune hüpfen zu lassen.

Ich war gut im Imaginieren. Mein Vater schlief regelmäßig beim Zählen ein, ich weckte ihn dann und rief: »Los, du musst weiterzählen, jetzt kommt das Schwarze mit den Gummistiefeln« oder: »Warte, der hat den Anlauf vergeigt, die 97 noch mal, bitte«. Die Herden hinter meinen Lidern waren enorm. Und alle wollten drankommen.

»Hey.« Eine Hand berührt mich sanft an der Schulter. »Das gilt nicht. Ich kann nicht einschlafen, wenn du vor mir schläfst.« Sagt mein Mann leise.

»Bata Illic ...«, murmele ich noch, wird mir mein Mann am nächsten Tag erzählen, was ihn sehr nachdenklich macht. Aber da bin ich auch schon wieder weg.

Susanne M. Riedel

Stundenlang saß mein Vater
hundemüde an meiner
Bettkante und zählte in Zeitlupe
vor sich hin, während ich der
Aufgabe nachkam, hinter
meinen geschlossenen
Augenlidern imaginäre
Schäfchen über imaginäre
Zäune hüpfen zu lassen.

Quellenverzeichnis

Elisabeth Tova Bailey, Die Veilchentopfabenteuer, Auszug aus den naturkundlichen Erzählungen: Elisabeth Tova Bailey: Das Geräusch einer Schnecke beim Essen. Mit Illustrationen von Kathy Bray. Aus dem amerikanischen Englisch von Kathrin Razum © illustrierte Hardcover-Ausgabe 2023 Piper Verlag GmbH, München (ISBN 978-3-492-07156-7).

Zsuzsa Bánk, Schlafen werden wir später, Auszug aus: Zsuzsa Bánk, Schlafen werden wir später. © 2017, S. Fischer Verlag GmbH, Frankfurt am Main, S. 15-20.

Klaus Böldl, Der nächtliche Lehrer, Auszug aus: Klaus Böldl, Der nächtliche Lehrer. © S. Fischer Verlag GmbH, Frankfurt am Main 2010.

Lewis Carroll, Alice im Wunderland, Textauszug aus: Lewis Carroll, Alice im Wunderland. Aus dem Englischen von Christian Enzensberger. © der deutschsprachigen Ausgabe Insel Verlag Frankfurt am Main 1963. Alle Rechte bei und vorbehalten durch Insel Verlag Berlin.

Doris Dörrie, Der Boden unter meinen Füßen, Textauszug aus: Doris Dörrie *Leben, schreiben, atmen*. Copyright © 2019 Diogenes Verlag AG Zürich.

Fynn, Nachtmenschen, Textauszug aus: Fynn, Hallo, Mister Gott, hier spricht Anna. Aus dem Englischen von Helga Heller-Neumann. © Scherz Verlag, Bern und München 1975. Alle Rechte vorbehalten S.Fischer Verlag GmbH, Frankfurt am Main.

Nina George, Das Lavendelzimmer, Auszug aus: Nina George, Das Lavendelzimmer. © Verlagsgruppe Droemer Knaur GmbH & Co. KG, 2013 München, S. 135-143, mit freundlicher Genehmigung von Verlagsgruppe Droemer Knaur GmbH & Co. KG.

Kent Haruf, Unsere Seelen bei Nacht, Auszug aus: Kent Haruf *Unsere Seelen bei Nacht* aus dem amerikanischen Englisch von pociao Copyright der deutschsprachigen Ausgabe © 2017 Diogenes Verlag AG Zürich.

Hermann Hesse, Schlaflose Nächte, Textauszug aus: Herman Hesse, Die Kunst des Müßiggangs, in: Hermann Hesse, Sämtliche Werke in 20 Bänden. Herausgegeben von Volker Michels. Band 13: Betrachtungen und Berichte 1899-1926. © Suhrkamp Verlag Frankfurt am Main 2003. Alle Rechte bei und vorbehalten durch den Suhrkamp Verlag Berlin.

Christian Huber, Man vergisst nicht, wie man schwimmt, Auszug aus Christian Huber, Man vergisst nicht, wie man schwimmt. © 2022 dtv Verlagsgesellschaft mbH & Co.KG, München, S. 300-309.

Mascha Kaléko, Der Mann im Mond, Aus: Mascha Kaléko, Herausgegeben von Gisela Zoch-Westphal, Die paar leuchtenden Jahre. © 2003 dtv Verlagsgesellschaft mbH & Co.KG, München, S. 163, mit freundlicher Genehmigung von dtv Verlagsgesellschaft mbH & Co. KG.

Kim Lichterfeld, Fragen
© bei der Autorin.

Benjamin Myers, Offene See, Auszug aus: Benjamin Myers, „Offene See“ Aus dem Englischen von Ulrike Wasel und Klaus Timmermann © 2020 DuMont Buchverlag, Köln, S. 69-71.

Marcel Proust, Auf der Suche nach der verlorenen Zeit, Auszug aus: Marcel Proust, Auf der Suche nach der verlorenen Zeit. Aus dem Französischen übersetzt von Eva Rechel-Mertens, revidiert von Luzius Keller. © für die deutschsprachige Ausgabe Suhrkamp Verlag Frankfurt am Main 1994. Alle Rechte bei und vorbehalten durch den Suhrkamp Verlag Berlin.

Susanne M. Riedel, Schäfchen zählen
© bei der Autorin.

Antoine de Saint-Exupéry, Der kleine Prinz, Auszug aus: Antoine de Saint-Exupéry, Der kleine Prinz. © 1950 und 2021 Karl Rauch Verlag, Düsseldorf.

Robert Seethaler, Der Trafikant
Auszug aus: Robert Seethaler, Der Trafikant Copyright © 2012 by KEIN & ABER AG Zürich - Berlin; S 172-180.

Daniel Speck, Jaffa Road, Auszug aus: Daniel Speck, Jaffa Road. © S. Fischer Verlag GmbH, Frankfurt am Main 2021.

Jules Verne, Reise um den Mond, Auszug aus: Jules Verne. "Von der Erde zum Mond. Reise um den Mond. Ein Drama in den Lüften.", Ausgabe 1966, © 2022 Verlag Bärmeier & Nikel, Berlin.

Wir danken den Autorinnen, Autoren und Verlagen für die freundliche Abdruckgenehmigung.